2024

九星別 ユミリー風水

八白土星《はっぱくどせい》

直居由美里

大和書房

風水は人が幸せに生きるための環境学

人は地球に生まれ、その地域の自然環境と共存しながら生き、生涯を終えます。その人の生涯を通して、晴れの日や嵐の日を予測しながら幸せに生きていくための環境学が風水です。

人は〝宿命〟という、生まれながらにして変えられない条件を背負っています。自分では選べない生きるうえでの条件なのですが、二十歳《はたち》頃から自らが社会に参加し生きていくようになると、宿命を受け止めながら運命を切り開くことになるのです。

そうです。運命は変えられるのです。

「一命《いちめい》二《に》運《うん》三《さん》風水《ふうすい》四《し》積陰徳《せきいんとく》五《ご》唸書《ねんしょ》」という中国の格言があります。人は生まれてから、自らが自らの命を運んで生きている、これが運命です。風水を取り入れることでその落ち込みは軽くなり、運気の波は上り調子になっていくのです。そして、風水で運気が上昇していく最中でも、人知れず徳を積み（四積陰徳）、教養を身につける（五唸書）努力が必要であることを説いています。これが本当の幸せをつかむための風水の考え方です。

出会った瞬間からハッと人を惹きつけるような「気を発する人」はいませんか？「気」とは、その人固有の生きる力のようなもの。自分に適した環境を選べる“磁性感応”という力を持っています。

本書で紹介している、あなたのライフスター（生まれ年の星）のラッキーカラーや吉方位は、磁性感応を活性化させてよい「気」を発し、幸運を引き寄せられるはずです。

CONTENTS

２０２４年はこんな年

若々しいパワーに満ちる1年

２０２４年は三碧木星《さんぺきもくせい》の年です。20年間続く運気のタームである、第九運の始まりの年にもなります。

これからは新しい生活環境や働き方をはじめ、世の中のシステムが見直されていきます。２０２４年は三碧の象の力強い若い力をあらわし、若者の行動や新規ごとに注目が集まりそう。新しい情報や進歩、発展、活発、若さなどがキーワードになります。

若者がニュースの主役に

九星の中で最も若々しいパワーを持つ三碧ですが、未熟さ、軽率、反抗的な行動なども要素として持っています。よくも悪くも10代の言動が、社会を驚かせることでしょう。安易な交際や性犯罪の話題があるかもしれません。

草木は発芽するときに、大きなエネルギーで固い種子の皮を打ち破ります。そのため、爆発的な力を持っていることも２０２４年の特徴です。

新しい価値観がトレンドを生む

子どもの教育やスポーツにも関心が集まります。大きなスポーツ大会では、若い選手たちの活躍が期待できます。また、ＡＩを駆使した音楽もつくられていくでしょう。コンサートやライブなどの音楽イベントもＩＴ技術によって、新しいスタイルが定番となります。若い男性ミュージシャンや評論家、ボーイズグループも目立ち、ソロ活動する人にも注目が集まるでしょう。

ファッションも、若者たちの感性から、新しい素材やユニセックスを意識したスタイルが生まれます。

言葉によるトラブルに注意を

三碧には言葉や声という象《しょう》意《い》もあります。若者特有の言葉や造語が流行語になります。また、詐欺や嘘が今以上に大きな社会問題になる可能性が。地位ある人や人気者が失言により失脚することもあるでしょう。

ガーデニングなど花にかかわる趣味やイベントが注目を集めます。風水では生花はラッキーアイテムのひとつですが、特に２０２４年は季節の花を欠かさないようにしましょう。また、新鮮、鮮度も三碧の象意。初物や新鮮な野菜を使ったサラダがおすすめです。

八白土星のあなたのラッキーアイテム

山のエネルギーを象徴する八白土星。
2024年は白や紺色、水色などさわやかな色が運気を助けてくれます。

バッグの中身

紺色のお弁当包み

今年は紺色がラッキーカラー。お弁当包みやお弁当箱などを紺色で揃《そろ》えると◯。外食はなるべく控え、おとなしく過ごしましょう。

白いボトルの除菌スプレー

清潔感のある白は2024年のラッキーカラー。停滞運の今年、白いボトルの除菌スプレーをバッグの中に入れ、邪気を祓《はら》いましょう。

白や紺色のアイテムと なごみの空間で運気回復

インテリア

ベージュのルームシューズ

優しい雰囲気があるベージュのアイテムは、和モダンが基本の八白のインテリアに好相性。ベージュのルームシューズでなごみの空間を演出して。

ロッキングチェア

2024年はゆりかごのような心地いい揺れを感じながら、ゆったりとした時間を過ごしましょう。アウトドア用の簡易なものでもOKです。

A MESSAGE TO YOU

八白土星のあなたへ

八白は山の安定感を象徴
2024年は忍耐と休息が必要な停滞運

八白土星はどっしりと構えた山の星。小さなことに動じることなく、周囲に安定感を与えます。山は一日にしてできるものでなく、長い年月をかけて土が積み重なっていった結果です。八白は、器用に立ち回ることはあまり得意ではありませんが、地道な努力を続ける大器晩成型。信念を貫けば、大きな成果が得られます。第1章の「八白土星の自分を知る」を読めば、あなたがまだ気づいていない隠れた力がわかります。

2024年、八白にめぐってくるのは停滞運です。前進するのはひと休みして心身をいたわり、心豊かに過ごすとき。健康をチェックしたり趣味を充実させたりして、内面を見つめる時間をとるようにしてください。無理に状況を変えようとしてもうまくいきません。大きな目標を立てるのではなく、毎日すべきことをきちんとこなすことが大切です。家族を優先にした生活があなたの幸せにつながります。

年齢別 八白土星の2024年

23歳　2001年生まれ／巳年

完璧を目指してプランニングをしているのに成果が出ません。人のミスを責めると、孤立します。ここで焦らず、もう一度、初心に返って状況分析してみましょう。マイペースで今できることに集中してください。

32歳　1992年生まれ／申年

期待する評価が得られず、現状脱却を考えたくなります。ただ、転職は情報収集だけに留めておいて。あなたの能力を高めるための勉強や、新しいスキルの習得に努めてください。転職はその後に考えること。

41歳　1983年生まれ／亥年

子どもとの関係を大切にしてください。特に男児と絆を深めるように。なるべく早く帰宅して、一緒にテレビや会話を楽しむようにしましょう。子どもにかかる教育費は投資だと考え、セーブしてはいけません。

50歳　1974年生まれ／寅年

相続問題が発生しそうです。親族と距離を置く必要が出てくるかもしれませんが、それは始まりを意味すると考えましょう。ストレスから体調を崩しがちです。リラックスできる場所や時間を持ちましょう。

年齢別 八白土星の2024年

59歳 1965年生まれ／巳年

還暦目前、この1年は心身の休息にあててください。健康診断をきちんと受け、上質な睡眠をとるために寝室の整理整頓をしましょう。お付き合いはほどほどにして。悩みごとや不安があっても解決が難しいので、内面の充実に力を注ぎましょう。

68歳 1956年生まれ／申年

今年の基本は現状維持です。毎日の暮らしの中に喜びと達成感をみつけるように心がけてください。エコについて学びはじめるのもおすすめです。ルーティンを決めて生活するとよい気を呼び込め、穏やかな気持ちで過ごすことができるでしょう。

77歳 1947年生まれ／亥年

不用意なひと言から、大切な関係にヒビが入りそう。長い付き合いであっても一線を越えてはいけません。噂話に加わらないで。相手を自分の価値観で評価するのは危険です。ネガティブな言葉を口にすると、そのままあなたに戻ってきます。

86歳 1938年生まれ／寅年

疲れやすいので、無理をしないように。こまめに水分補給をして、熱中症や脱水症状に注意してください。なるべく体を冷やさないことも大切。また、つまずいて転びやすいので、靴や杖選びにも十分注意してください。不用意な行動はとらないように。

第1章
八白土星の自分を知る

八白土星はこんな人

ラッキーカラー　ピンク・黄色・キャメル・金色・白

ラッキー方位　北東

改革しながら成長！ 信念を貫く努力家

八白土星はどっしりと大きくそびえ立つ山の星。山は少しずつ土を積み上げてできるもの。途中で土が雨に流されたり、風に吹き飛ばされたりしますが、そんな苦難にも負けることなく、大きな山へと成長します。

八白土星のあなたも、そんな山のように多くの困難に立ち向かいながら成長を遂げる人です。崩されても崩されても、土を積み上げることをやめません。自然の猛威に負けない強い土台を築くために、あなたはどんな苦労も苦労だと思わず、黙々と取り組むことができます。こうして長い年月をかけながら成功への階段を上っていくのです。山は同じ場所にいて、自らは動けません。逃げられないことを知っているから、困難に立ち向かうことができるのです。

もちろん、高い頂《いただき》を目指す山ですから、その途中経過には敏感です。ときどき、自分の歩みを確認し、自分の成長を邪魔する障害物をみつけたら容赦《ようしゃ》ありません。好き嫌いがはっきりしているのもそのためです。

ラッキーカラーはピンク、キャメル、ラッキー方位は北東

右ページにあるラッキーカラーとは、一生を通してあなたの運気を助ける守護色です。色のパワーがあなたに働きかけ、あなたの発する気をよいものにしてくれます。住まいのインテリアや洋服、持ち歩くものに取り入れるとよいでしょう。また、ラッキー方位とは自然界のよい気が自分に流れてくる入口のようなもので、住まいの中で大切にしたい方位です（48ページ参照）。八白土星のラッキー方位は北東なので、住まいの北東が汚れていると邪気のまじった気を受けることになります。ですから、いつもきれいにしておくことが大切です。また、北東を枕にしたり、北東を向いて座ったりすることは、あなたの内側から湧いてくる力を高めてくれる効果もあります。

八白土星の人生

失敗が糧《かて》となる大器晩成型

地道な努力を重ね、長い時をかけて成長していく八白土星。

小さな山も大きな山へと成長させて成功を収める八白土星は、若い頃は努力に見合った成果をあげることができません。なぜなら、まだまだ山の土台が脆弱《ぜいじゃく》だから。山が雨風で崩されるように、若い頃は何度も失敗を繰り返します。でも、派手な存在ではないものの、まじめさや持ち前の粘り強さが次第に認められて、周囲に引き立てられるようになるでしょう。諦めずに前進することで、徐々に強固な土台となります。中年期になると、若い頃の努力がようやく実ってきます。多くの困難を乗り越えてきた経験とノウハウがあるので、晩年期に向かいながら、あらゆる問題を打破《だは》して成功をつかむことができるでしょう。若い頃に楽をしてきた人には、こうした幸運な中年期はめぐりにくくなります。なぜなら、八白土星にとって、大きな成功と苦労というのは表裏一体の関係にあるからです。

土をどんどん積み上げていく山を象徴する八白土星には、継続・継承という意味があります。後継者運があるので、家を継ぐという役目を担う人も多いでしょう。長男でなくても家業を継ぐことになったり、長女の場合は婿養子をとったり……。身内から頼りにされる傾向にあります。また、他人が大きくした会社を受け継いだり、転んでも前を向いて頑張った成果を実感できる人生がやって来るはずです。

協力者を大切にし、大きな力を得て進む

人生は今の経験が積み重なってできあがっていくもの。浮かれず、落ち込まず、長い目で人生を見渡しながら年齢とともに高めていく運気を、晩成運といいます。よりよい晩成運の波にのるためには、自分の人生が遅咲きか早咲きかを知り、人生の基盤を強固にしていくべきです。八白土星は、遅咲き星で大器晩成型。周囲がどんどん成功を収めても、焦る必要はないのです。八白は山の星ですが、他人と山の高さを競ってはいけません。途中で投げ出して楽な道を進めば、高い山には成長せず、低い丘で終わってしまいます。自分のペースというものを崩さないようにすることが大切です。また、家族があなたに力を貸してくれる運気があるので、頼りになる人をみつけておくことも、よりよい晩成運をつかむきっかけになります。

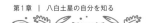

八白土星の 金運

夢に向かって前進し、上手に貯蓄できるしっかり者

土を積み上げ大きな山を作るということから、八白土星は蓄財運にも恵まれます。お金を上手に貯める実力は、9つのライフスターの中で一番。堅実な性格ゆえに、金銭に対してもしっかり者。コツコツお金を貯めて、大きな財産に育てていける人です。若い頃から目標や願望をしっかり持っている人のほうが、金運に恵まれます。細かい計算は得意なので、へそくりも上手で家計をしっかり守ることができます。また、親やきょうだいを大切にすると相続運に弾みがつきます。不動産運もあるので、株式などよりも土地や建物で財産を築いていくといいでしょう。

お金にシビアにも見えますが、自分が必要だと思うものへの出費は惜しみません。ただ浪費家ではないので、無駄なものを買って後悔するということは少ないはず。

人に対して生きたお金を使えれば、それは何倍にもなって返ってくるので、どんな人に投資すればいいのか、人を見極める能力を養うことが肝心です。中年以降は地位や名声を得て、金銭面にはゆとりが出てくるでしょう。

八白土星の 才能・適性

改善・改革する根気がいる仕事が得意

仕事に対しては熱心に取り組み、とても丁寧。おおかたの仕事は難なくこなしていけるタイプです。でも几帳面であまりにも完璧を求めすぎるため、融通の利かない面が強調されてしまうと周囲との摩擦《まさつ》を引き起こすこともあります。でもそれは、あなたが勤勉でまじめな性格の持ち主だから。自分ができることはほかの人もできて当たり前とは思わず、寛容《かんよう》な心で周囲を受け入れ、仕事の改善・改革をしながら効率よく結果を出すことで、まわりから信頼を得られます。フロンティア精神にも富んでいますから、好奇心を持ち続けると仕事でも新しいアイデアを出していくことができます。

八白土星は高い山ですから、人の指図を受けるのは好みません。折り合いをつけたり、交渉をしたりするのは不得手《ふえて》なほう。でも、面倒見はいいので指導者として大成する人も多く、後進のアドバイザーとして活躍する人も。適職は堅実で根気を求められる仕事です。八白に向いているのは、警察官、心理カウンセラー、占い師、大相撲力士、宗教家、土木建築業、教育者、法律家、旅館経営者、銀行家などです。

八白土星の 恋愛・結婚

恋も結婚も 常に真剣で愛情深い誠実派

八白土星には遊びの恋はありえません。恋をしたら結婚へとまっしぐら。逆にいえば、結婚してもいいと思える相手しか選ばないということです。ひとりの人と誠実に付き合い、時間をかけて互いの理解を深めていきます。一気に燃え上がるような恋ができないのは、臆病だからではなく恋に慎重だから。これから大きくなる自分を包んでくれる愛情を持った人かどうかを知るために、時間が必要だからです。

自分から意思表示をするのは苦手なので、片思いで終わってしまうこともあります。そんな不器用な面を持ったあなたには、出会ったときからいろいろなことを気軽に話せる相手が、運命の人となるでしょう。

八白は晩年に花開く運を持ち、どちらかといえば晩婚型。常に困難に負けず努力を続ける人ですから、家庭でも自分と一緒に前進し、成長していける相手でないと満足できません。女性なら、内助《ないじょ》の功《こう》で力を発揮しますが、自分の成長に相手がついてきてくれないと別れを選択しがち。1回の結婚では収まりにくいかもしれません。

八白土星の家庭

人を信頼し、ひとりで抱え込まずにひと息入れて！

女性も男性も家族を大切にし、よいお母さん、よいお父さんになり、明るい家庭を築くことができます。八白の女性は良妻賢母タイプ、男性は亭主関白タイプ。子どもには恵まれるでしょう。平凡な生活であっても、フロンティア精神の持ち主のあなたは、家族に話題やイベントを提供して、退屈な暮らしに刺激を与えることができます。また、後継者運があるので、家業を継ぐことになったり、親の介護をまかされたりするなどして自分の人生が左右される可能性も。両親や親戚の問題を抱え込みすぎると、自分の家庭にも支障が出てくることになります。ひとりで解決しようとせず、周囲とのコミュニケーションをとることが問題解決の糸口です。

家庭では、すべてを自分の思い通りに動かそうとしがち。もちろんそれは家族のためを思ってのことなのですが、頑固な面も行きすぎてしまうと誤解を生じさせることになります。家族との協調を考えることも必要です。ときには人情味豊かで温厚なあなたのよさを、目に見える形で表現する努力も大切です。

幸運をもたらす

人間関係

相手から受け取るエネルギーを力に

人には持って生まれたエネルギーがあり、それを象徴するのがライフスターです。人間関係においては、そのエネルギーが深く関係します。113ページから紹介するライフスター同士の相性というのはそのひとつですが、これとは別に、あなたに特定の幸運をもたらす相手というのも存在します。それをあらわしたのが、中央に自分のライフスターを置いた左の図です。それでは、どんな関係かを見ていきましょう。

運気を上げてくれるのが三碧木星《さんぺきもくせい》。これはともに働くことであなたに強運をもたらしてくれる相手。あなたの運気を助けてくれる人でもあるので、一緒に長く頑張っていける関係です。お互いプライベートなことは詮索《せんさく》しないで、一定の距離感を保った付き合いをすることです。

やる気を引き出してくれるのは五黄土星《ごおうどせい》。あなたにハッパをかける人でもあり、この人に自分の頑張りを試されるといってもいいでしょう。四緑木星《しろくもくせい》はあなたに精神的な安定を与える人、九紫火星《きゅうしかせい》は名誉や名声を呼び寄せてくれる人です。よくも悪くも

名誉を与える 九紫火星	安定をもたらす 四緑木星	蓄財をサポートする 二黒土星
お金を運んでくる 一白水星	自分の星 八白土星	チャンスを運ぶ 六白金星
やる気を引き出す 五黄土星	運気を上げる 三碧木星	新しい話を持ってくる 七赤金星

＊この表は、星の回座によりあらわし、北を上にしています。

新しい話を持ってきてくれるのが七赤金星《しちせききんせい》です。それに合わせて、今までにない新しい交友関係ももたらしてくれます。

金運は一白、六白、二黒

金運をもたらす関係といえるのが、お金を運んでくる一白水星《いっぱくすいせい》、実利につながるチャンスをもたらす六白金星《ろっぱくきんせい》です。仕事のクライアントや給与を支払ってくれるのが一白の人なら、経済的な安定をもたらしてくれます。六白は仕事の話や自分にはない人脈を運んできてくれる人です。

また、蓄財のサポートをしてくれる二黒《じこく》土星《どせい》は、財テクや貯蓄プランの相談役として心強い相手です。

9タイプの八白土星

性格は生まれ月で決まる！

生まれ年から割り出したライフスターは、生きていく姿勢や価値観などその人の本質を強くあらわします。でもその人となりの形成には、ライフスターだけではなく、生まれ月から割り出したパーソナルスターも深く関係しています。

　パーソナルスターからわかるのは、性格、行動など社会に対する外向きの自分。下の表からみつけてください。たとえば、あなたが八白土星で2月生まれならパーソナルスターは二黒土星。八白の本質と二黒の性質を併せ持っているということです。

月の初めが誕生日の場合、前月の星になることがあるので携帯サイト（https://yumily.cocoloni.jp）で生年月日を入れ、チェックしてください。

自分のパーソナルスターをみつけよう

ライフスター／生まれ月	一白水星 四緑木星 七赤金星	三碧木星 六白金星 九紫火星	二黒土星 五黄土星 八白土星
2月	八白土星	五黄土星	二黒土星
3月	七赤金星	四緑木星	一白水星
4月	六白金星	三碧木星	九紫火星
5月	五黄土星	二黒土星	八白土星
6月	四緑木星	一白水星	七赤金星
7月	三碧木星	九紫火星	六白金星
8月	二黒土星	八白土星	五黄土星
9月	一白水星	七赤金星	四緑木星
10月	九紫火星	六白金星	三碧木星
11月	八白土星	五黄土星	二黒土星
12月	七赤金星	四緑木星	一白水星
1月	六白金星	三碧木星	九紫火星

9 パーソナルスター別タイプの八白土星

パーソナルスターは一白から九紫まであるので、同じ八白でも 9 つのタイプに分かれます。パーソナルスターも併せて見たあなたの性格や生き方は？

一《いっ》白《ぱく》水《すい》星《せい》

包容力を持った山である土のエネルギーに加え、場の空気を察知し、どんな状況でも柔軟に対応する水のエネルギーを兼ね備えた人です。ただし水が多すぎると泥沼になってしまい、バランスを崩し不安定な生き方になってしまいます。これだと思うものを早くみつけ、長く続けることで安定します。

二《じ》黒《こく》土《ど》星《せい》

八白も二黒も土のエネルギーなので、性格的にもバランスのよい人です。どちらも根性ある努力家の星なので安定感は抜群。献身的で母のようなやさしさで人を包み込みます。ただし、依存心が強くなかなか決断できないところが。ひとつのことを継続していく粘り強さで幸せな人生に。

三《さん》碧《ぺき》木《もく》星《せい》

三碧は行動よりも言葉の星。慎重なのはいいのですが、理屈が先に立ち、行動が伴わないことも。八白は土を、三碧は花を象徴するので、自分で自分の養分を吸い取ってしまうかも。口が災いして墓穴を掘るといったミスや言葉遣いに気をつければ、話し上手な人なので、楽しい人生になります。

四《し》緑《ろく》木《もく》星《せい》

四緑は人との交渉が得意で、周囲からの視線を集めるのが得意な星。本質は慎重でまじめなのに八方美人的なところがあるので勘違いされることがあるかもしれません。でも、人付き合いのよさは九星の中でも抜群なので、安定した人脈を地道に築くことで道が開けます。

五《ご》黄《おう》土《ど》星《せい》

土と土の組み合わせなので、人生に安定を求める傾向が強くあります。独立心が強いのは帝王の星である五黄を持っているから。自分の力を誇示することで周囲の賛同を得ようとして失敗することがあるでしょう。頑固な面があるので、自分勝手にならないよう気をつければ人生が安定します。

六《ろっ》白《ぱく》金《きん》星《せい》

社長星である六白を持っているので、八白の持つフロンティア精神とあいまって、新しいことに取り組む前向きな気持ちを持ち続けられる人です。でも、これは陰でしっかり努力をしてきた結果です。理想が高いので、周囲を振り回してしまうことが。苦境を克服することで輝く人です。

七《しち》赤《せき》金《きん》星《せい》

山の安定感と七赤の性質である星の輝きを持つ人で、そこにいるだけで大勢が集まってくる魅力を持っています。華やかなことが好きなので、浮ついた印象を与えてしまいがちですが、本質はとても冷静沈着。金そのものをあらわす七赤と貯蓄運のある八白の組み合わせなので、金運に恵まれます。

八《はっ》白《ぱく》土《ど》星《せい》

八白の性格を持ちながらも、花のような可憐さが漂い、周囲から守ってあげたいと思わせる魅力があります。おしゃべり好きなのもこの星の特徴。好奇心が強く、新しいものに飛びつく傾向がありますが、すぐに飽きてしまうことも。集中して取り組めるものをみつけることで運が開けます。

九《きゅう》紫《し》火《か》星《せい》

ファイター気質の九紫を持っているので、目標を得るために争いや戦いを選んでしまう傾向が。好きなものには一直線ですが、すぐに冷めて長続きしません。でも、この繰り返しの中で、自分に合うものをみつけ出します。親しい人との交際を突然放棄するような気まぐれに気をつければ安定します。

第2章

八白土星の2024年

2024年の全体運

2024年2月4日〜2025年2月2日

休息モードでパワー補給を

２０２４年、八白土星にめぐってくるのは、休息すべき停滞運です。頑張ろうとしてもエネルギー不足で空回りするだけ。目の前に高い壁がそびえ、孤立無援の状況になります。停滞運は、これまでの歩みを振り返り、一度立ち止まって人生をリセットする運気。不安に思うことも出てきますし、どこかへ逃げたくもなります。でもイライラせず「これは全部、運気のせい」と考え、起こったことを静かに受け入れましょう。行動するより考えるべきときなので、どっしり構えること。細かく計算ができる八白の長所を発揮して情報収集と分析に努め、行動を起こすのは２０２５年以降にしましょう。

２０２４年に力を入れるべきことは、内面の充実です。読書や勉強を

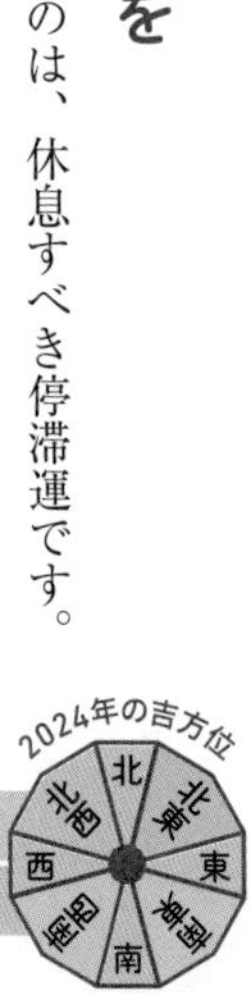

2024 年の吉方位　北東、南東、南西

2024 年の凶方位　北、南、東、西、北西

することで教養を高め、美しいものに触れて感性を磨いてください。趣味に力を入れるのもおすすめです。

孤独を感じるなら、むしろその孤独を楽しんで。ひとりで過ごす穏やかな時間が、あなたのパワーを補給してくれる大切なひとときになります。不満から不平を言葉にすると、トラブルを呼び寄せます。停滞という言葉はマイナスのイメージを与えるかもしれませんが、幸せを手にするためには、必要な運気。運気に合った過ごし方でエネルギーを蓄え、２０２５年以降にやってくる運気の上昇に備えましょう。

リラックスする時間を大切に

体調面でも無理ができないので体力を過信せず、疲れを感じたらこまめに休みをとりましょう。健康診断はきちんと受けるようにしてください。また、身近にいる人を大切にすることで相手の愛情や思いやりを実感でき、気持ちが安らぎます。

派手な自己アピールをするときではありませんが、エステやネイルを楽しんだり、ゆったり入浴したりして、自分磨きをサボらないように。起床後は１杯のミネラルウォーターを飲み、体内を浄化させましょう。

2024年の金運

計画的なマネー管理が大切

停滞運では増やすより減らさないことが重要です。現状維持ができれば、合格だと考えること。まずは、出費の内容をチェックし、計画的なマネー管理を心がけてください。家計簿やアプリを活用して、月々の予算を決めるといいでしょう。

収支の管理ができたら、長期的なマネープランを立ててみましょう。停滞運は状況分析に適した運気です。知人の話や本、ニュースなどからさまざまな情報を集め、冷静に状況を分析してください。ここで注意したいのが、情報の正確性です。安易にネットの口コミを信用せず、きちんと裏づけがとれる情報だけを集めてください。株式などリスクのある投資には、手を出すべきではありません。すでに投資を始めているなら、短期的な売買は避け、長期運用に切り替えましょう。財テクセミナーやファイナンシャルプランナーへの相談もおすすめです。

一《いっ》攫《かく》千《せん》金《きん》の話が持ち込まれても、心を動かしてはいけません。副業にも手を出さないほうが無難です。体力や気力を消耗させるだけで収益は上がらないでしょう。資格試験の勉強や趣味などへの投資は積極的に行うといいでしょう。静かに自分と向き合うべき1年で、集中して学べるので成果があがりやすくなります。将来への投資は、金運を安定させる大切な要素のひとつです。

安易な買い物はせず、エコを心がける

　高額商品の購入はよく考えてから、結論を出してください。ローンやリボ払いを利用して購入するのはおすすめできません。給料日やボーナス時の衝動買いも後悔する結果になりがちです。キャッシュレス決済も、使用後はこまめに支払明細を確認してください。

　エコな暮らしを心がけることで運気を安定させることができます。不用品には邪気がこもっているので、リサイクルやフリマへ。フードロスをなくすためにも、食材は計画性のある買い物をしましょう。環境保護を意識して、無駄な光熱費がかからないように心がけてください。子どもに関する費用は、将来につながるものであればセーブしなくてかまいません。２０２４年は盗難に遭う危険性が高まるので、しっかりとしたセキュリティー対策をとりましょう。

２０２４年の仕事運

無理をせず、慎重な姿勢で

スランプです。現状維持ができれば、よしと考えてください。周囲に認められようと頑張っても成果はあがりません。アクシデントにも見舞われ、頑張れば頑張るほど孤立します。プレゼンも思うような結果にならないでしょう。２０２４年は目の前にある仕事を着実にこなすことを目標にしてください。ルーティンワークも手を抜くことなく取り組むことが重要です。運気のサポートがないときほど、ダブルチェックをする時間を持って、仕事するように心がけてください。

不安に思うことが多く、安心したくなり相手に完璧を求めがちになります。まじめで頑固な面が表に出やすく、職場ではスムーズなコミュニケーションがとりにくくなるので注意してください。計画にも邪魔が入りやすくなります。何事も慎重に対応することを忘れないでください。また、噂話とは距離を置き、憶測でものを言わないようにすることも大切です。

２０２４年は転職や独立も避けること。現在の職場で足場を固めるのが得策です。

憧れの業種があるなら、転職活動を始める前に綿密なリサーチを行い、必要な資格取得の勉強を始めるなど地道な努力が必要です。

残業せず、自分の時間を大切に

プランニングが得意で、向上心の高いあなたですが、停滞運の２０２４年はプライドが高いと誤解されがちです。活動的になるとトラブルを呼びます。職場の人間関係にはあまり深入りせず、残業もなるべく避け、自分の時間を多くつくるようにしましょう。

また、クライアントにもいつも以上に丁寧に接すること。相手の話を最後までしっかり聞き、提案をするときはゆっくりと話すように心がけてください。商談の前には情報収集に努め、プランAだけでなく複数案を準備しておきましょう。独断で進めたことには妨害が入ると覚悟をして。ひとりで判断せず、周囲から客観的に見てもらうことも必要です。

残業が続くと疲れがたまり、ケアレスミスが多くなります。定時で帰宅できるような段取りを組むように日頃から心がけてください。

２０２４年の恋愛・結婚運

魅力に磨きをかけ、次のチャンスを待つ

寂しさから新しい出会いや恋を求めて積極的になると、悪縁を引き寄せてしまいます。恋愛に関しても受け身でいたほうがいいでしょう。２０２４年は出会いを求めるより、自分の内面を磨くことにエネルギーを使ってください。読書や映画、音楽鑑賞で感性を豊かにしたり、趣味に取り組んだりして日常生活を楽しむようにしましょう。丁寧に生活し、小さな幸せをみつけるようにしてください。ルーティンを大切にすると、運気は安定してきます。

また、外見に磨きをかけることも重要。エステやネイルサロンであなたの魅力をさらに引き出しましょう。常に目に入るネイルを美しくすると、ビューティー運がアップ。恋愛のための基礎力を高め、２０２５年以降に備えてください。

停滞運は心が安定を求めるため、結婚願望が強くなります。現在お付き合いしている人と自然な流れで結婚話が出たら、準備を進めてもＯＫ。ただ、シングルの人が「寂しいし将来も不安。とにかく安定したい」というネガティブな気持ちで婚活をし

ても、良縁には恵まれないでしょう。やみくもに婚活を進めると、好ましくない人物を引き寄せる危険もあるので注意してください。気になる人がいても、積極的にアプローチすると逆効果になりそう。焦らず、後々やってくるチャンスを待ちましょう。

孤独感から安易に相手を求めない

停滞運の年は心の隙間が大きくなり、不適切な関係を持ちやすくなります。一時の寂しさを紛《まぎ》らわせようとすると、人に言えないような恋愛に陥《おちい》ってしまうことも。心に大きな傷を残すことになる前に、自分からピリオドを打つ勇気を持ちましょう。また、安易に誘いを受けると、アバンチュールを楽しんでいると誤解されます。派手なお付き合いは慎むようにしましょう。

ストレスから、恋人やパートナーに不平不満をぶつけたくなりますが、ぐっと我慢すること。八つ当たりをしていると別れにつながります。相手に求めるばかりではなく、何を与えられるかを考えましょう。包容力にあふれるあなたですから、相手に安心感を与えられるよう心がけてください。この1年を無事に乗り切ることができれば、恋愛や結婚に明るい展開が期待できます。

２０２４年の家庭運

家族と時間や空間を共有する時間を増やす

家で過ごすことが多くなる停滞運の年は、家族との関係がとても重要になります。家庭が心安らぐ場所であれば、社会で活躍できなくても満足感や安心感を得られるでしょう。２０２４年は身近な人を大切にしたいとき。家族で出かけたり外食したりして、楽しい時間を共有しましょう。身内だから何でも理解してもらえると思ってはいけません。聞き役に徹し、相手の話をしっかり聞くこと。そして、言いすぎたときは相手が子どもでも素直に謝りましょう。家族間でも丁寧でやさしい言葉であなたの気持ちを伝えるように心がけてください。

また、夫婦間での隠しごとは禁物です。不満や疑問は、きちんと話し合って解決すること。そのままにしておくと、大きな問題に発展してしまいます。

２０２４年は家の中を快適に整え、居心地のいい空間にすることが大切。整理整頓をし、邪気がたまった不用品は処分しましょう。朝起きたら窓を開け、新鮮な空気と入れ換えるようにしてください。

2024年の人間関係運

身近な人との関係を大切に

身近な縁や昔からの交友関係を大切にすべき年です。あなたのことを深く理解してくれる旧友は、ストレスがたまる停滞運の年には、特に大切な存在となります。遊び仲間より、親身に相談にのってくれる人を大切にしてください。気の進まないお誘いは上手に断り、エネルギーを温存させましょう。派手なお付き合いもできるだけ避けたほうが無難です。確認を怠《おこた》り、思い込みで行動すると不信感を持たれます。聞き役に徹し、余計な口出しをしないように。また、人を疑うと、運気がダウンするので注意してください。

人間関係でイライラしたら、ミネラルウォーターを飲みましょう。こまめな水分補給をして、ひと息つくと気分転換になります。また、バスルームに観葉植物を置くと、よい気の流れをつくることができます。

初対面の人と接するときは白いハンカチを持って行って。ＰＴＡや町内会の役員なども避けたいときですが、順番で断れない場合は裏方に徹しましょう。

２０２４年の住宅運

新築・引越しは来年以降に

２０２４年は新築、引越し、土地の購入、大規模リフォームは計画するだけにして、実施は２０２５年以降にしましょう。どうしても引越しをしなければならない場合は、現在住んでいる場所から、年の吉方位にあたる、北東、南東、南西となる場所を選んで。理想は年の吉方位と月の吉方位が重なるときです。北東なら１月、３月、４月、10月、12月、南東なら４月、６月、８月、南西なら４月、６月、７月がそれにあたります。北東と南東は25年１月でもかまいません。ただし、あなたの天中殺《てんちゅうさつ》（50ページ参照）にあたる月は避けましょう。また、あなたが辰巳《たつみ》天中殺の運気なら、２０２４年は年の天中殺です。世帯主の場合、土地購入までであれば問題はありませんが、２０２６年の節分まで引越しは避けたほうが無難です。

住まいの気を発展させるには、部屋の北東はいつもきれいに掃除しておくこと。北に盛り塩を置くと２０２４年の運気の波にのることができます。また、ガラスなど透明感のあるアイテムをインテリアに取り入れると運気の底支えになります。

2024年の健康運

体を冷やさず、良質な睡眠を

無理が利かないので、ゆとりあるスケジュールを心がけ、休息時間を確保しましょう。夏でもゆったり入浴して、体の芯からあたためることもおすすめです。そして清潔な寝具で、十分な睡眠をとるようにしましょう。枕の位置を北東にするか、起き上がったときに北東を向くようにするとぐっすり眠れます。パジャマは紺色や茶系がおすすめ。電子機器があると就寝中も刺激を受け、熟睡できないので、寝室にはパソコンやスマホを持ち込まないようにしてください。

食生活では牛肉でたんぱく質を多く摂るようにしましょう。新鮮な野菜を使ったバランスのよい献立を工夫してください。また、いくらやトウモロコシ、ぶどうも八白のパワーを補給してくれます。気持ちが落ち込んだときは、高台にあるカフェやお寺へ行ってみて。気が浄化されます。

夏場は冷房で体を冷やしがちです。急な温度差は避けるようにしてください。

2024年は腰や筋肉を傷めそう。関節の痛みを感じたらすぐに受診しましょう。

COLUMN 1

～2024年のラッキー掃除～

情報がスムーズに入るように掃除・整頓を

2024年は情報が入ってくる東の方位(家の中心から見て)が重要になってきます。東に段ボールや古新聞を置いていると、よい情報が入るのを邪魔します。忘れてはならない場所が、冷蔵庫の野菜室。野菜くずや汚れを残さないように水拭きし、食材を整理して収納しましょう。

また、電気関連の場所も大切なポイントです。分電盤やコンセントカバーなどにホコリを残さないように。パソコン本体はもちろん、キーボードの溝《みぞ》も綿棒などを使って、清潔さを維持するようにしてください。

第3章

八白土星の運気を上げる風水習慣

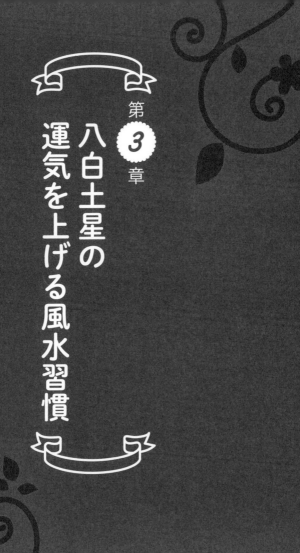

金運アップのアクション

ベッドリネンを
白系に替える

2024年は白系をチョイス

２０２４年の金運アップのアクションは、ベッドリネンを白系のものに替えることです。八白土星にとって白は今年のラッキーカラー。清潔感のある白を基調にしたベッドリネンが運気を上昇させます。シーツや掛け布団カバー、ピローケースなどをチェックし、くたびれているなら、新しいものを購入して。リネンはこまめに洗濯して、質のいい睡眠を意識しましょう。

寝室は常に片づけ、睡眠環境を整えること。朝起きたら窓を開け、空気の入れ換えをしてください。

お金の風水

カトラリーをピカピカに磨く

２０２４年は活気にあふれ、会食やパーティーが多くなります。パーティーに参加して人脈を広げることが金運を開く鍵。家庭でもパーティーに欠かせない銀やステンレスのカトラリーを磨きましょう。それも顔が映るぐらいピカピカにしておくこと。

磨き上げたカトラリーはアイテム別にまとめ、上下を揃《そろ》えて収納を。引き出しは隅々まできれいにして、ホコリやゴミを残さないことも大切です。

家でもＢＧＭを楽しむ

２０２４年の中宮・三碧は音や響きを象徴する星です。コンサートやライブを楽しむのはもちろん、家の中でも好きな音楽を聴くとよい気を呼び込めます。家事をするときやバスタイム、メイクをするときもＢＧＭを流して音を楽しむといいでしょう。いつも美しいメロディーやリズムに触れていると、自然にパワーを充電できます。

特にきれいに掃除した部屋の中央で、音楽を聴くのがおすすめです。

仕事運アップのアクション

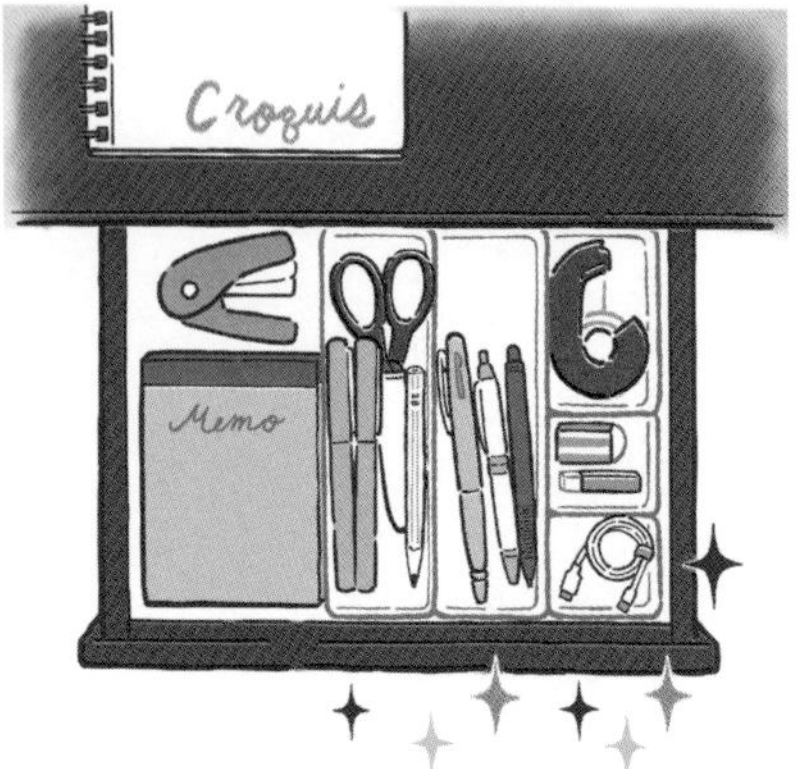

机の引き出しを整理する

整理整頓が開運の鍵

　２０２４年の仕事運アップのアクションは、机の引き出しを整理することです。引き出しの中に文房具を入れ、すぐに取り出せるようにしましょう。理想は机の上には物を置かず、引き出しの中にすべてを収納すること。引き出しの中が常に整理されていると、仕事の効率もアップ。机の引き出しの〝整理整頓〟をルーティンにすれば、思考の整理にもつながります。

　パソコンやスマホのデスクトップも整理し、必要なデータがすぐ取り出せるようにしておきましょう。

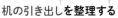

仕事の風水

こまめに情報を更新する

数字が並んでいるカレンダーは仕事運をアップさせます。さらに2024年は情報の更新が重要なポイントになります。きちんと月や日ごとに新しいページをめくるようにすること。また、手帳には新しいアイデアやミッションを書き込むといいでしょう。

パソコンも古いデータをいつまでもデスクトップに置かないようにしましょう。データは保存するか削除し、ソフトのアップデートも忘れないこと。

北西のスペースを整える

仕事運を司る方角は北西です。家の中心から見て北西の場所や部屋を常にきれいに整えてください。2024年は、木製アイテムがよい気を呼び込みます。北西の方角に木製のブックエンドや文具箱を置き、毎日の拭き掃除も欠かさないように。

キャビネットやデスクを置く場合は、書類などを置きっぱなしにせず、引き出しの中に片づけて。整理整頓で、仕事がしやすい環境をキープしましょう。

恋愛・結婚運アップのアクション

東に赤いアイテムを置く

赤でいいご縁を引き寄せて

２０２４年、八白土星の恋愛・結婚運アップのアクションは、東に赤いグラスやお皿などを置くこと。東は恋愛運を司る方位。新しい情報やご縁も東からやってきます。東に赤いアイテムを置くことでいい運気を強く引き寄せることができます。赤はあくまでもアクセントカラー。強いパワーを持つのでグラスやお皿など小さなアイテムを置くと効果的です。

グラスやお皿にはホコリがつかないように注意を。良縁は掃除が行き届いたきれいな部屋にやってきます。

おそうじの風水

東に植物を置き、世話をする

植物は風水のラッキーアイテムのひとつです。三碧の年は東の方角からよい情報が入ってきます。２０２４年は東に観葉植物や生花を置きましょう。観葉植物の葉にホコリが残らないようにやさしく拭き、花瓶の水は毎日取り替えること。鉢や花瓶も汚れをとるように心がけてください。

枯れた葉や花は邪気になります。こまめに手入れして、枯れたものを残さないようにしてください。

楽器や電化製品を手入れする

２０２４年は音にかかわるものが重要なアイテムになります。ピアノやギターなど楽器にホコリを残さないように手入れしてください。普段使わないものでも、こまめにお手入れを。しまい込んでいる楽器も同様です。

また、三碧は電気の象意も持っています。エアコンや冷蔵庫、テレビ、電子レンジなどの電化製品もきれいにすることが大切です。細かい部分まで丁寧に掃除してください。

住宅運アップのアクション

北東のコーナーを片づける

北東を整えて、気を整える

２０２４年の住宅運アップのアクションは、北東のコーナーや部屋を片づけて整理整頓することです。北東は八白土星が住まいの中で大切にしたい方位。家族全員の運気に影響を与えます。北東にトイレがある場合は、念入りな掃除を心がけること。北東にベランダがある場合はガーデニングをするのがおすすめです。植物を育てることで気が整い、心の状態も安定します。

片づけたら、窓を開けて空気を入れ換えましょう。よい気が入らないので、入口には物を置かないように。

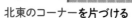

住まいの風水

花を育てる

草花は三碧の象意です。庭があるお宅なら、四季を通して花が咲くようにガーデニングをしましょう。庭がない場合は、ベランダガーデニングで花を育ててください。

また、よい気や情報は玄関やベランダから入ってきます。玄関やベランダに余分なものを置くと、それらがよい情報を遮《さえぎ》ってしまいます。開口部はきれいに整え、気がスムーズに入るようにしましょう。

フローリングを磨く

フローリングに掃除機をかけ、その後、ピカピカになるまで磨き上げましょう。木材の持つパワーを引き出すことができます。また、傷があれば、その手入れも忘れずに。

畳やじゅうたんもきれいに掃除してください。大地に近い床は、大きなパワーが漂う場所です。住まいに大地のパワーを常に取り入れるためにも、床には不要なものを置かず、きれいにしておくことが大切です。

吉方位と凶方位のこと

方位はよくも悪くも運に影響を与えます

風水では、吉方位への神社参りをしてくださいとよくアドバイスします。私自身、ほぼ毎日、日の吉方位にある近くの神社へ散歩をしながらのお参りを欠かさずしています。吉方位とはあなたのライフスターが持つラッキー方位（12ページ参照）とは別のもので、自ら動いていくことでよい気をもたらす方位のこと。自分の生活拠点、つまり住んでいる場所（家）を基点に考えます。

旅行や引越しで方位を気にするのは、自分の運気がよくも悪くも宇宙の磁場の影響を受けるから。でも、吉方位へ動けば、自分の磁力が活性化して気力にあふれ、どんどんよい気がたまっていき、巻頭で述べたような「気を発する人」になるのを手助けしてくれます。

吉方位には年の吉方位、月の吉方位、日の吉方位があり、それぞれライフスターで異なります。凶方位も同様です。生活の中に吉方位を取り入れるときは、目的によって左ページのように使い分けます。

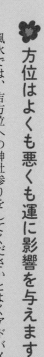

日の吉方位

日の吉方位と凶方位は毎日変わります。スポーツなどの勝負ごとや賭けごと、プロポーズ、商談などその日に決着がつくことには、日のみの吉方位（第4章のカレンダーを参照）を使います。

月の吉方位

月ごとにも吉方位と凶方位は変わります。数日間滞在するような旅行は、月と日の吉方位が重なる日に。風水では月替わりが毎月1日ではないので、第4章の月の運気で日付を確認してください。

年の吉方位

年の吉方位は、その年を通してあなたに影響を与え続ける方位です。引越しや住宅購入、転職は方位の影響を受け続けることになるので、年（26ページ参照）、月、日の吉方位が重なる日に。

天中殺は運気の貯蓄をするとき

運気が不安定になる時期をチェック

天中殺とは、周囲が味方になってくれない時期を意味します。自分でコントロールすることができない運気で、これも私たちが持つ運気のひとつです。

天中殺の時期は、家の外は嵐という状態。出る杭《くい》は打たれるというときなので、何の準備もしないで外＝社会に出ていけば、雨風に打たれて心身ともに疲労困憊《こんぱい》してしまいます。ですから前もって自分の天中殺を知っておくことが大切です。天中殺には運気が不安定になるので、不安や迷いを感じやすくなったり、やる気が出なかったりと、マイナスの影響がもたらされてしまいます。

天中殺は、年、月、日と3種類あり、生年月日によって、子《ね》丑《うし》天中殺、寅《とら》卯《う》天中殺、辰《たつ》巳《み》天中殺、午未《うまひつじ》天中殺、申酉《さるとり》天中殺、戌《いぬ》亥《い》天中殺の6つに分けられます。まずは54ページ、133~135ページの表をもとに、自分の生年月日から割り出してみてください。

誰もが受ける社会から降りかかってくる運気

天中殺は社会から降りかかってくる運気です。ですから、極論をいえば、社会に出なければ天中殺の現象を受けることはありません。でも、社会とかかわりを持って生活する以上そうはいきません。天中殺とは逃れることのできない、〝宿命〟のようなものなのです。ただし、何に気をつければいいのかがわかれば、天中殺の現象を軽減させたり、避けたりすることができます。

天中殺の時期は、社会との摩擦《まさつ》を減らす意味で、受け身に徹したり、自分の言動を戒《いまし》めたりすることが肝心です。自分の欲のために行動したり、新しいことをしたりしてもあまりうまくいかないと心しておきましょう。頑張っても努力が報われにくいときなので、それがわかっていればたとえ失敗しても心のダメージは少ないはずです。

天中殺を無難に過ごすためには、天中殺が来る前から風水生活を実践し、運気の貯蓄をすることで気を高めておくことです。本書にある運気に沿った生活をすることもそうですし、吉方位を使った神社参りやゆったりとしたスケジュールの旅行、また、住まいをきれいに掃除するなど、家の環境を整えることもよい運気の貯蓄になります。

年、月、日の3種の天中殺

では、〝宿命〟ともいえる天中殺はいつやってくるのでしょうか？　天中殺には年の天中殺、月の天中殺、日の天中殺があり、12年に2年間やってくるのが年の天中殺、12か月に2か月間やってくるのが月の天中殺、12日に2日間めぐってくるのが日の天中殺です。めぐってくるタイミングも、6つの天中殺によって異なります。

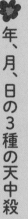

3種の天中殺のうち、運気に一番大きく作用するのが年の天中殺です。年の天中殺のときに、人生の転機となるような選択をするのはおすすめできません。月の天中殺は2か月間と期間が短くなるので、天中殺の現象が集中することもあります。これらの2種の天中殺に比べると、日の天中殺は運気への影響は少ないといえます。とはいえ、いつもなら勝てる相手に負けてしまう、他人の尻ぬぐいをさせられてしまう、異常に忙しくなる、やる気がまったく出ない……といった影響が出ることもあります。日の天中殺は第4章にある各月のカレンダーに記載してあるので参考にしてください。

２０２４年は辰年で辰巳《たつみ》天中殺の人にとっては、年の天中殺にあたります。ライフスターごとの運気にかかわらず、辰巳天中殺の人は運気に影響を受けるでしょう。でも、自分のライフスターの運気が絶好調の頂上運の場合は、その運の強さが働いて天中殺の現象を軽減してくれることもあります。逆に運気が低迷する停滞運のときは、天中殺の影響が強く出やすいといえます。

年の天中殺がいつやってくるのかは、左の表でチェックしてください。前述しましたように、天中殺の現象を軽減することは可能です。年の天中殺がいつやってくるかを知ったら、ただ待つのではなく風水生活をきちんと実践して、天中殺に向けての準備をしっかりしておきましょう。

あなたの年の天中殺は？

2024年	辰	辰巳天中殺
2025年	巳	辰巳天中殺
2026年	午	午未天中殺
2027年	未	午未天中殺
2028年	申	申酉天中殺
2029年	酉	申酉天中殺
2030年	戌	戌亥天中殺
2031年	亥	戌亥天中殺
2032年	子	子丑天中殺
2033年	丑	子丑天中殺
2034年	寅	寅卯天中殺
2035年	卯	寅卯天中殺

天中殺の割り出し方

**133～135ページの基数早見表で基数を探し、
誕生日を足して割り出します。**

例 1980年5月15日生まれの場合

基数		誕生日の日にち		合計	
10	+	15	=	25	▶

基数は10で、生まれ日の15を足すと合計が25。右の表から、21～30の「午未天中殺」があなたの天中殺になります。合計が61以上になる場合は60を引いた数になります。

天中殺の早見表

1～10	戌亥天中殺
11～20	申酉天中殺
21～30	午未天中殺
31～40	辰巳天中殺
41～50	寅卯天中殺
51～60	子丑天中殺

♡子丑天中殺 ねうしてんちゅうさつ

子年と丑年が年の天中殺で、毎年12月と1月が月の天中殺です。月の天中殺以外では、毎年6月と7月は社会や周囲の応援が得られにくくなるので要注意。この天中殺の人は、他人のために進んで働くタイプ。目上の人の引き立ては少なく、自分自身で新しい道を切り開いていける初代運を持っています。目的に向かってコツコツ努力する大器晩成型です。

♡寅卯天中殺 とらうてんちゅうさつ

寅年と卯年が年の天中殺で、毎年2月と3月が月の天中殺です。月の天中殺以外では、毎年5月は社会からの支援が得られにくくなるので要注意。この天中殺の人は、失敗してもクヨクヨせず、6つの天中殺の中で一番パワフル。度胸はいいほうですが、少々大雑把《おおざっぱ》な性格です。若い頃から親元を離れて生きていく人が多いようです。

辰巳天中殺　たつみてんちゅうさつ

辰年と巳年が年の天中殺で、毎年4月と5月が月の天中殺です。月の天中殺以外では、12月と1月は周囲の協力や支援を得にくく孤立しがちなので要注意です。この天中殺の人は、型にはまらず個性的で、いるだけで周囲に存在感をアピールできるタイプ。行動力は抜群で、苦境に立たされても乗り越えるたくましさを持っています。

午未天中殺　うまひつじてんちゅうさつ

午年と未年が年の天中殺で、毎年6月と7月が月の天中殺です。月の天中殺以外では、11月と12月は周囲の支援が得られないだけでなく、体調を崩しやすくなる時期。この天中殺の人は、冷静で情報収集が得意。先を見て行動する仕切り屋タイプが多いようです。困ったときには誰かが手を差し伸べてくれる運の強さを持っています。

申酉天中殺　さるとりてんちゅうさつ

申年と酉年が年の天中殺で、毎年8月と9月が月の天中殺です。月の天中殺以外では、社会からの支援や協力を得にくくなる4月と5月は言動に要注意。この天中殺の人は、ひとりで複数の役目をこなす働き者。でも、キャパを超えると右往左往することも。世の中の動きを素早くキャッチし、金運にも恵まれています。

戌亥天中殺　いぬいてんちゅうさつ

戌年と亥年が年の天中殺で、毎年10月と11月が月の天中殺です。月の天中殺以外では、毎年6月と7月はなんらかの環境の変化で悩むことが多くなる時期。この天中殺の人は、6つの天中殺の中で一番多くの試練に遭遇《そうぐう》します。でも、自力で道を開き、周囲のエネルギーを自分のパワーに変えていける強さを持っています。

COLUMN 2

～2024年のラッキー家事～

音が出るアイテムと家電の手入れを

三碧木星の象意のひとつは音です。2024年は音が出るものを常にきれいにすると、よい情報が入りやすくなります。楽器やドアベルなどはホコリを払い、水拭きできるものは水拭きを毎日の掃除に組み入れましょう。

電気や振動も三碧の象意。キッチンにあるフードプロセッサーやブレンダー、コーヒーメーカー、電子レンジも汚れを残さないようにきれいに掃除してください。テレビ、ヘッドホン、スマホなど音にかかわる電化製品もホコリを残さないようにしましょう。

第4章 八白土星の毎日の運気

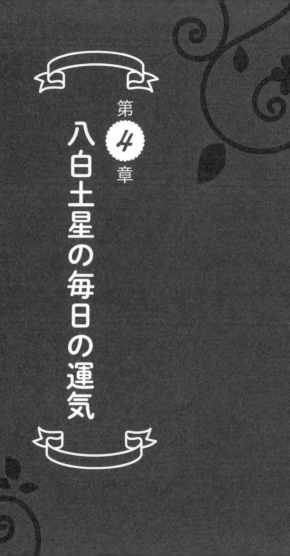

2024年の運気

楽しい金運月からスタート

2024年は金運からスタート。1月はお金のめぐりがよく、お誘いが増えます。人付き合いを大切にすることで運気の波にのることができます。絶好調の運気を迎えるのは3月の頂上運です。仕事もうまくいき、運のよさを実感できるでしょう。4月の停滞運でしっかりエネルギーをチャージすれば、12月まで波にのって過ごせます。6月は恋愛月なので、それまでに自分磨きをして素敵な出会いに備えましょう。結実運の9月は仕事で実績をあげられます。9月までは小さな目標を立てながら一つひとつクリアしていきましょう。

勝負運に恵まれる最強月が3月と12月の頂上運です。気力・体力ともに充実し、エネルギー満タンに。積極的にチャレンジしましょう。停滞運の4月は思い通りにならないかもしれません。感情的にならず、忍耐で乗り切ってください。

2024年の波動表

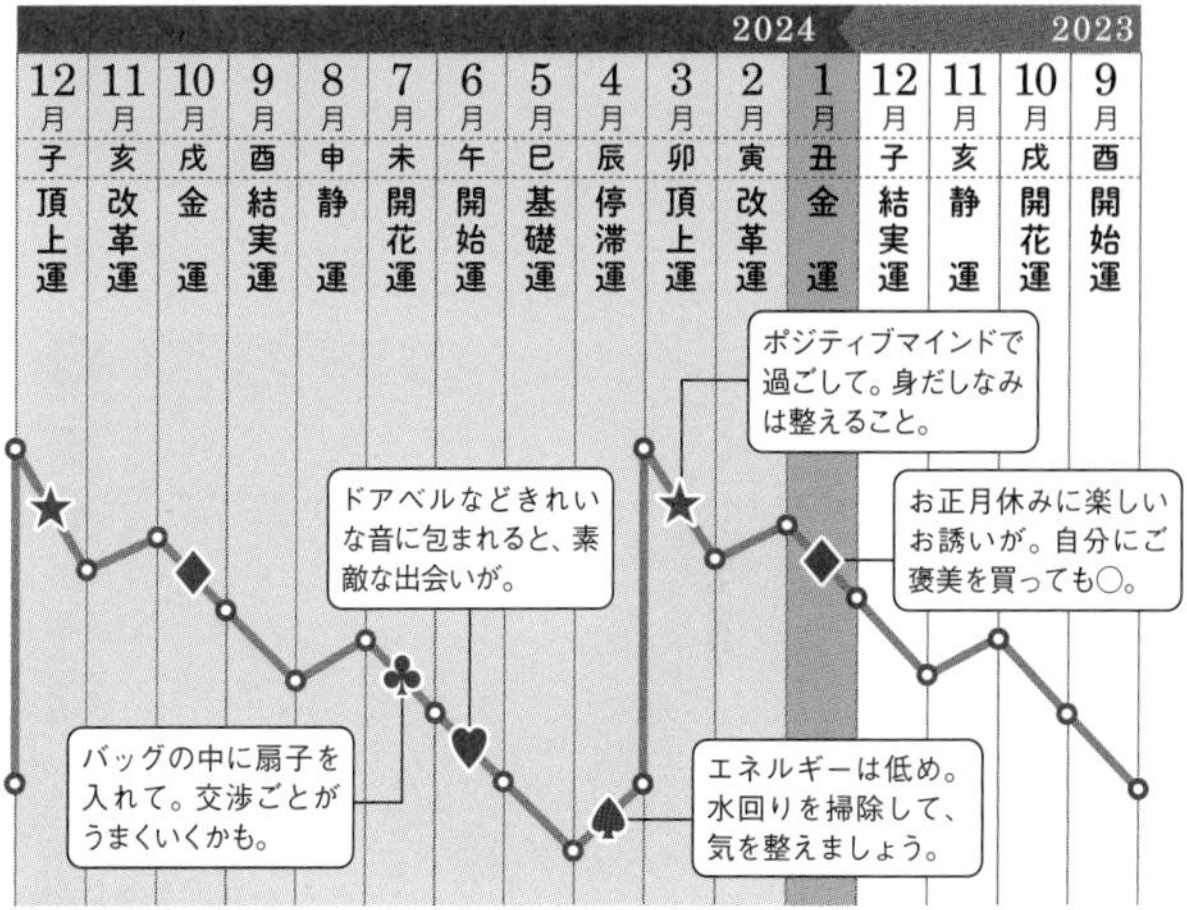

金運にも恵まれないので、貯金を崩さないよう家計を引き締めましょう。2か月間続く自分の月の天中殺には、争いごとは避け、受け身になって過ごすことが大切です。

9つの運気

停滞運	芽吹きを待つといった冬眠期で、しっかり休んでエネルギーを充電したいリセット期。
基礎運	そろそろ活動しはじめることを考えて、足元をしっかり固めておきたい準備の時期。
開始運	種まきをするときで、物事のスタートを切るのに適している時期。
開花運	成長して花を咲かせるときなので、行動的になり、人との出会い運もアップします。
静　運	運気の波が安定するリセット期。外よりも家庭に目が向き、結婚に適した時期。
結実運	これまでの行動の成果が出るときで、社会的な地位が高まって仕事での活躍が光る時期。
金　運	努力が実を結ぶ収穫期で、金運に恵まれるとき。人付き合いも活発になります。
改革運	今一度自分と向き合いたい変革期。変化には逆らわず、身をまかせたいとき。
頂上運	運気の勢いが最高のとき。これまでの努力に対する結果が現れる、頂上の時期。

★ 強運、♠ 要注意、♥ 愛情運、◆ 金運、♣ 人間関係運

2023 September

開始運 2023.9.8 ～ 2023.10.7

注目されるとき。自己アピールしてOK

9月

素早く行動し、チャンスを生かして

計画を行動に移しましょう。大切にあたためてきたアイデアを形にすると、さらにやりたいことが出てくるはず。アクティブになるとプラスのエネルギーをもらえます。出会いのチャンスにも恵まれ、新しい人脈をつくることができる運気。今月のあなたは注目の的に。人前に出たら、しっかりと自己アピールし、発言するときはゆっくりわかりやすい言葉で話すようにしてください。いったん始めたことは途中で放り出さず、最後までやり抜くことが大切。もし準備不足だと感じるなら、挑戦を延期するのもひとつの方法です。

スピード感を持って動き、やるべきことを先延ばしにしないように。暮らしの中に心地いい音や香りを取り入れ、モチベーションを上げると気が整います。

9月の吉方位	南西
9月の凶方位	北、南、東、西、北東

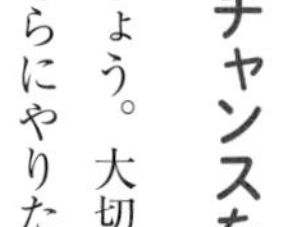

開花運 2023.10.8〜2023.11.7

成果が見える月。感謝を忘れずに

新しい可能性を探り、周囲には感謝を

これまでの努力が成果となってあらわれます。仕事や趣味、人間関係など、あなたを取り巻くあらゆるものが、いい方向に向かうでしょう。さまざまなチャンスがもたらされ、願った形で実を結びそう。これまで接点のなかった人と知り合う機会も増え、人付き合いが華やかになりそうです。昔からの知り合いや友人とのお付き合いも大切にしてください。そして、周囲への感謝を忘れないように。必要であれば、手紙やメールで気持ちを伝えましょう。持ち前の包容力で、明るくフレンドリーな態度で接するようにしてください。

人との交流が活発になるぶん、用心しないとトラブルが増えます。チャンスの裏にはピンチが潜んでいることを肝に銘じておきましょう。

10月の吉方位	東、南西
10月の凶方位	北、南、北東、北西、南東

静運　2023.11.8 〜 2023.12.6

2023
November
11月

リセット運の月。ゆっくり過ごして

家で過ごし、生活習慣の見直しを

気持ちが安定を求めています。前進は控え、エネルギーをチャージするとき。新しいことに取り組んだり、無理をして頑張るよりも、ペースダウンして過ごすのが正解です。計画を立てたり、生活習慣を見直したり、家でできることに取り組みましょう。休みはしっかりとり、オンとオフのメリハリはきちんとつけること。気持ちを落ち着けたいときは、身のまわりを片づけ、気を整えましょう。思い通りにいかないこともありますが、ネガティブな言葉を口にすると運気を下げてしまいます。気持ちをできるだけコントロールし、これまで取り組んできたことを丁寧に継続させてください。

早めに帰宅し、家族と過ごす時間を大切に。疲れをためないよう、体調管理にも気を配りましょう。

11月の吉方位	東
11月の凶方位	北、南、西、北東、南西、南南東

2023
December

12月

結実運 2023.12.7 ～ 2024.1.5

実りある月になりそう。柔軟さを大切に

❋リーダーシップを発揮しチームで動く

リーダー的ポジションをまかされ、人を引っ張っていく立場になりそうです。周囲のサポートを得てチームワークで乗り切ると、より大きな実りとなるでしょう。まわりの意見に耳を傾け、柔軟な姿勢をキープすることが大切。特に、目上の人からのアドバイスは素直に聞いてください。集中力もアップし、物事がスムーズに運ぶはず。慢心することなくさらに高い目標を定め、持ち前の粘り強さで取り組みましょう。ただし、オーバーワークにならないように気をつけて。移動に車を使うなど、少しでも体の負担が軽くなるような工夫をしましょう。

デスクまわりを掃除し、パソコンのデスクトップをすっきりさせるとよい気に包まれます。年末のご挨拶ではお歳暮や手土産を忘れないように。

12月の吉方位	なし
12月の凶方位	北、南、東、西、北東、北西、南東、南西

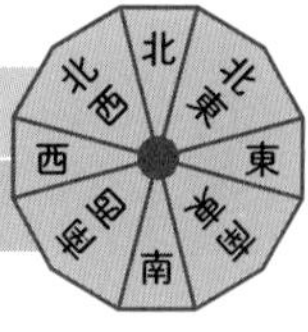

2024
January

金運　2024.1.6 ～ 2024.2.3

開運3か条

- グルメを楽しむ
- プラネタリウムへ行く
- デンタルケアを心がける

人生を思い切り楽しむとき

八白土星の2024年は金運からスタートします。華やかな雰囲気に包まれ、プライベートが充実しそう。お誘いがあれば積極的に参加しましょう。新しいネットワークが構築できます。趣味の仲間たちとも楽しい時間を共有できるでしょう。ただし、プライベートを優先するあまり、仕事や家事がおろそかになりがち。運気の波にのるためには、公私の区別をきちんとつけることが必須条件になります。

会食の機会が増えるので、体重も増える可能性が。また歯を見せて笑顔になるとチャンスに恵まれます。体重コントロールやデンタルケアも忘れないように。ストレスを感じたら、澄み切った冬の夜空に輝く星を見つめましょう。エネルギーがチャージされます。

1月の吉方位	北、北東
1月の凶方位	南、東、西、北西、南東、南西

この天中殺の人は要注意

子《ね》丑《うし》天中殺

上司や目上の人とのトラブルに注意してください。想像以上に解決に苦労しそう。信頼関係を維持する努力が必要です。また、交通事故にも要注意。車は丁寧に整備し、常に安全運転を心がけてください。

仕事運 **※子丑天中殺の人は新規の仕事は2月以降に**

お誘いが多く、時間の上手な使い方が必要になります。気持ちも落ち着かず、面倒なことは後回しにしがち。これがミスの原因をつくるので、十分に注意してください。何事も早めに処理をして再確認する時間を持ちましょう。プレゼンや大切な会議にはジュエリーをつけてのぞむと、よい結果がもたらされそう。

金運

何かと出費が増えますが、金運は順調です。お付き合いに必要なお金は多めに準備しておきましょう。気持ちが大きくなって散財しがちなので、メリハリのあるお金の使い方をすること。友人や知人が喜ぶことにお金を使うと、金運を引き寄せることができます。

愛情運 **※子丑天中殺の人は出会いは2月以降に**

出会いのチャンスにも恵まれる運気です。趣味やレジャーを通して、心ときめくことがありそう。お付き合いを始めるなら誠実さを大切にしてください。パートナーには、嘘をつかず正直でいることが大切です。出会いが多い運気なので、誤解を招くような行動は慎んで。三角関係などのトラブルには要注意です。

1月のおそうじ風水 ▸ **ジュエリーのお手入れをして、見せる収納を。**

★強運日 ♠要注意日 ♥愛情運 ◆金運 ♣人間関係運

日	曜日	六曜／天中殺 祝日・歳時記	毎日の過ごし方	吉方位	ラッキーカラー
1	月	赤口／子丑 元日	行動的になると◯。初詣にいき1年の無事を祈願しましょう。	北西、南東、南西	赤
2	火	先勝／子丑	話す際は丁寧な言葉を。おせちはごぼう煮や数の子を食べて。	北、南、東	黒
3	水	友引／寅卯	年賀状をチェックし、出していない人には返事を書くこと。	北東、南東、南西	白
4	木	先負／寅卯	気持ちは前向きですが焦ると失敗を招きそう。冷静になって。	東、西、北東	紫
5	金	仏滅／辰巳	おせちの残り物をアレンジして。上手な選択ができます。	南、西、北西	キャメル
6	土	大安／辰巳 小寒	◆ちょっとぜいたくな店で食事を。楽しい時間を過ごすと幸運が。	北、北東	白
7	日	赤口／午未	目上の人の話は素直に聞くこと。七草粥を食べましょう。	南	銀色
8	月	先勝／午未 成人の日	生活習慣を見直して。食べ切れない贈答品はおすそ分けを。	東、北西、南東	金色
9	火	友引／申酉	ネットワークを生かして、新しいことを始めるといい日。	東、西、南西	ペパーミントグリーン
10	水	先負／申酉	SNSで推しの情報をみつけて。モチベーションがアップ。	北西、南東、南西	ワインレッド
11	木	赤口／戌亥	現状維持でOK。鏡開きをして、おしるこを食べましょう。	北、南、東	クリーム色
12	金	先勝／戌亥	テレビやパソコンを消して読書を。念入りなスキンケアも◯。	北東、南東、南西	紺色
13	土	友引／子丑	予想外の展開があるかも。おしゃれして出かけましょう。	東、西、北東	紫
14	日	先負／子丑	座禅や写経などお寺の行事に参加すると気分が晴れやかに。	南、西、北西	キャメル
15	月	仏滅／寅卯	口角を上げるリップメイクで華やかに。仕事に身が入ります。	北、北東	赤

16	火	大安／寅卯	電話対応は丁寧に。気持ちが充実し、集中力がアップします。	南	水色
17	水	赤口／辰巳	昔のトラブルが蒸し返されそう。早めに帰宅し、家でゆっくり。	東、北西、南東	黄色
18	木	先勝／辰巳 土用	♣ 交友関係を広げるチャンスあり。笑顔で挨拶をしましょう。	東、西、南西	黄緑
19	金	友引／午未	イヤホンの音量に注意しないと、大切なことを聞き逃すかも。	北西、南東、南西	茶色
20	土	先負／午未 大寒	運気は回復の兆《きざ》し。スーパーでは地元産の野菜を選ぶと◯。	北、南、東	黒
21	日	仏滅／申酉	♠ エネルギーは低め。心身のコンディションを見極めること。	北東、南東、南西	水色
22	月	大安／申酉	★ 希望の仕事に抜擢《ばってき》されそう。嬉しくても感情は抑えるように。	東、西、北東	ベージュ
23	火	赤口／戌亥	トラブルの芽は早めに摘んで。デスクまわりの整理整頓が吉。	南、西、北西	金色
24	水	先勝／戌亥	購入ポイントのチェックを忘れずに。お金の貸し借りはＮＧ。	北、北東	黄色
25	木	友引／子丑	リーダー役が回ってくるかも。段取りを決めて行動すること。	南	青
26	金	先負／子丑	うまくいかなくても冷静に。快眠のためのアイテムをチェック。	東、北西、南東	クリーム色
27	土	仏滅／寅卯	友人と食事して楽しい時間を過ごして。ショッピングもＯＫ。	東、西、南西	ペパーミントグリーン
28	日	大安／寅卯	♥ 迷わず行動に移すことが大切。出会いから恋に発展するかも。	北西、南東、南西	碧（深緑）
29	月	赤口／辰巳	おでんを食べると心まであたたまります。仕事は脇役に徹して。	北、南、東	山吹色
30	火	先勝／辰巳	朝起きたら空気の入れ換えをして。自分磨きに専念すると吉。	北東、南東、南西	水色
31	水	友引／午未	向上心が湧いてきます。スマホの画面はきれいに磨くこと。	東、西、北東	オレンジ

＊祝日法の改正により、祝日や休日が一部変更になることがあります。

改革運　2024.2.4〜2024.3.4

開運3か条
- テーブルに花を飾る
- 1日のto doリストを作る
- お寺の行事に参加する

リスクは避け、家族との時間を大切に

望むと望まないとにかかわらず、生活環境や人間関係に変化が起こりやすくなります。変化に抗《あらが》わず、静かに受け入れることで運気は安定。冷静な分析が得意な八白なら柔軟に対応することができるでしょう。また、リスクをとらないことも重要です。選択に迷う場合は、メリットが少なくても安全なほうを選んでください。

活発になると、変化に対応しなければならない状況が多くなります。また、お付き合いが多かった前月の疲れも残っています。残業や寄り道を避け、まっすぐ帰宅するようにしてください。家族で過ごす時間を多くとるようにしましょう。それがストレスを避けることにつながります。インテリアに早春を感じさせるアイテムをプラスすると、よい運気を呼び込むことができます。

2月の吉方位	南、北北西
2月の凶方位	北、東、北東、南東、南西

この天中殺の人は要注意

寅《とら》卯《う》天中殺

家族内でお墓や相続問題で誤解が生まれそう。特に母親やきょうだいには、誤解されないように丁寧な言葉で話し合うようにしてください。遅刻が大きなトラブルにつながるので注意しましょう。

仕事運

異動や担当変更の可能性があります。あなたが望まない変化であっても受け入れて。スケジュール変更も起こりやすいので、こまめにメールをチェックしましょう。また予算の管理をまかされているなら、資金の出し入れをすべて把握《はあく》しておくこと。転職や独立は、いい選択とは言えません。次のチャンスまで待ちましょう。

金運

一攫千金を求めてはいけません。投資は安全性を最優先してください。収支のバランスを崩さないことも大切です。大きな買い物は控えたほうがいいとき。ただ、子どもに関する出費はセーブしないこと。へそくりを始めるのには適した運気です。

愛情運

現状に不満を持つと、トラブルを引き起こします。相手に求めるよりも、まずは相手を思いやることが大切です。感情的になりがちなので、深呼吸で気持ちを落ち着かせることを心がけて。恋愛も受け身に徹して、ゆっくり時間をかけましょう。パートナーとの散歩コースに神社仏閣を入れると関係が安定します。

2月のおそうじ風水 ▸ **引き出しの中を整理し、水拭きして。**

★強運日　♠要注意日　♥愛情運　◆金運　♣人間関係運

日	曜	六曜／天中殺 祝日・歳時記	毎日の過ごし方	吉方位	ラッキーカラー
1	木	先負／午未	収支のバランスを崩さないように、お金の使い方をチェック。	南、西、北西	白
2	金	仏滅／申酉	趣味が充実します。キラキラ光るアイテムを身につけると○。	北、北東	赤
3	土	大安／申酉 節分	強気はトラブルのもと。豆まきをして邪気を祓いましょう。	南	銀色
4	日	赤口／戌亥 立春	部屋の真ん中にテーブルを置いて。気持ちが安定します。	東、北西、南東	キャメル
5	月	先勝／戌亥	行き違いがありそう。頼まれごとはすぐに引き受けないで。	東、西、南西	ペパーミントグリーン
6	火	友引／子丑	♥柑橘系の香りを身にまとうと、素敵な出会いに恵まれるかも。	北西、南東、南西	ワインレッド
7	水	先負／子丑	本調子でなくても、ルーティンはなるべくこなしましょう。	北、南、東	キャメル
8	木	仏滅／寅卯	♠目の前の仕事だけをこなし、今日は自分ファーストで過ごして。	北東、南東、南西	黒
9	金	大安／寅卯	★気力・体力とも充実しているので、迷うことなく前進してＯＫ。	東、西、北東	紫
10	土	先勝／辰巳	迷うなら挑戦しないのもあり。展望台からの景色を楽しんで。	南、西、北西	黄色
11	日	友引／辰巳 建国記念の日	好奇心のおもむくままに動いて。費用は上手にやりくりを。	北、北東	赤
12	月	先負／午未 振替休日	繁華街の寿司店で食事すると吉。ポジティブになれます。	南	白
13	火	仏滅／午未	新しいことはしないで。先輩のアドバイスには従いましょう。	東、北西、南東	金色
14	水	大安／申酉 バレンタインデー	♣想像していたことが形になりそう。交友関係がチャンスの鍵。	東、西、南西	青
15	木	赤口／申酉	好きなアーティストの音楽が気分を上げます。失言に注意。	北西、南東、南西	茶色

16 金	先勝／戌亥	慎重に取り組みましょう。昼食はおにぎりで簡単にすませて。	北、南、東	山吹色
17 土	友引／戌亥	仲間とウィンタースポーツを楽しんで。悩みが吹き飛びます。	北東、南東、南西	紺色
18 日	先負／子丑	勝負運があるので宝くじを買ってもいいかも。焦りは禁物。	東、西、北東	赤
19 月	仏滅／子丑 雨水	不満でも何もしないほうがいい日。家族との時間を大切に。	南、西、北西	ピンク
20 火	大安／寅卯	◆会食に参加して。日常に華やぎをプラスすると運気アップ。	北、北東	黄色
21 水	赤口／寅卯	仕事関連のアイテムを新調するなら、品質重視の買い物を。	南	銀色
22 木	先勝／辰巳	八方塞《ふさ》がりかも。デパ地下で惣菜を買って、家でゆっくりと。	東、北西、南東	クリーム色
23 金	友引／辰巳 天皇誕生日	旅館に泊まって和の美しさに触れると吉。物事が整います。	東、西、南西	黄緑
24 土	先負／午未	自己主張はNG。並木道を散歩してリフレッシュしましょう。	北西、南東、南西	ワインレッド
25 日	仏滅／午未	思い通りにはいかないかも。ボランティアに参加すると○。	北、南、東	キャメル
26 月	大安／申酉	受け身でいれば問題なし。あたたかいお茶でひと息入れて。	北東、南東、南西	白
27 火	赤口／申酉	積極的にチャレンジしてOK。交通ルールは守りましょう。	東、西、北東	オレンジ
28 水	先勝／戌亥	新しいコミュニティから声がかかるかも。手土産は最中を。	南、西、北西	ピンク
29 木	友引／戌亥	フェミニンなファッションで出かけて。仕事がはかどります。	北、北東	黄色

頂上運　2024.3.5 〜 2024.4.3

開運3か条

- 海辺へ行く
- 窓ガラスを磨く
- スポーツ観戦をする

全力で前進したいとき

これまでの努力が認められ、高い評価を得られそう。評価されたら自信を持って前に出ましょう。ただし、周囲からの評価を実感できない場合は、まだ努力が必要なのだと考えてください。有力者と出会うチャンスもある運気。どんな状況でも品格のある振舞いができるように、常に身だしなみは整えておきましょう。

調子がいいからと慢心すると周囲からの信用を失うようなミスをしてしまいます。こういうときこそ、気を引き締めて行動してください。また、あなたのパワーに引き寄せられるように、さまざまな人たちが集まってきます。その中には出会いと別れが混在していそう。別れは新しい出会いの第一歩だと考え、新しいネットワークを広げていきましょう。

3月の吉方位	北東
3月の凶方位	北、南、西、北西、南東、南西

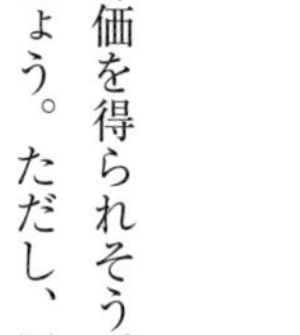

この天中殺の人は要注意

寅《とら》卯《う》天中殺

友人からの頼まれごとは安請け合いすると後々大変なのですぐには引き受けないこと。また、不動産の物件探しや契約を結ぶのは避けたほうが無難。噂話に加わると、信頼を失うことにつながります。

仕事運 ※寅卯天中殺の人は慎重な仕事を心がけて

次から次へとアイデアが浮かんできます。それらを形にするべく前進しましょう。引き立て運にも恵まれ、さらに周囲からのサポートも期待できます。多忙な日々になるので集中力に欠けがち。ダブルチェックを心がけ、ケアレスミスを防いでください。大切な会議や商談は午前中に設定するのがおすすめです。

金運 ※寅卯天中殺の人は出費に注意

くじ運に恵まれます。宝くじに挑戦したり、投資額をアップさせたりしてもいいでしょう。交際費や洋服代などの出費は自己投資と考えて。ただ、見栄を張った買い物はしないこと。手持ちがないからとキャッシュレス決済ばかり利用すると後悔する羽目に。

愛情運 ※寅卯天中殺の人は新しい出会いは控えて

恋の相手を引き寄せるパワーがあります。注目を集めるモテ期ですが、隠しごとをしたまま交際を始めると、すぐに困った状況になります。謙虚さと誠実さを忘れてはいけません。パートナーとはジェラシーからのケンカが多くなりそう。感情的にならず、自分の気持ちを冷静に見つめることが大切です。

3月のおそうじ風水 ▶ **コンロまわり。五徳もきれいに磨いて。**

日	曜	六曜／天中殺 祝日・歳時記	毎日の過ごし方 ★強運日 ♠要注意日 ♥愛情運 ◆金運 ♣人間関係運	吉方位	ラッキーカラー
1	金	先負／子丑	新しい動きがありますが、身の丈に合った計画を立てること。	南	水色
2	土	仏滅／子丑	謙虚な姿勢で過ごして。テーブルの真ん中に花を飾ると○。	東、北西、南東	金色
3	日	大安／寅卯 桃の節句(ひな祭り)	♣物事がスムーズに動きます、桃の花を飾り、ひな祭りを祝って。	東、西、南西	青
4	月	赤口／寅卯	気ぜわしくて忘れ物をしそう。花モチーフのアイテムが吉。	北西、南東、南西	ワインレッド
5	火	先勝／辰巳 啓蟄	こまめに動きましょう。ビーンズサラダを食べると運気回復。	北、南、東	キャメル
6	水	友引／辰巳	運気は低迷。早めに帰宅し、家でゆっくり過ごしましょう。	北東、南東、南西	白
7	木	先負／午未	新しいことを発信していいとき。書類の扱いには注意が必要。	東、西、北東	紫
8	金	仏滅／午未	副収入を得る方法を模索。アプリの少額投資はよく調べて。	南、西、北西	ピンク
9	土	大安／申酉	◆ショッピングを楽しんでいい日。金運に弾みがつきます。	北、北東	黄色
10	日	友引／申酉	御朱印めぐりを楽しんで。気持ちがプラス思考になります。	南	銀色
11	月	先負／戌亥	お買い得の言葉につられて余計な出費を増やさないように。	東、北西、南東	金色
12	火	仏滅／戌亥	友人との交流がチャンスを広げそう。こまめに連絡をとって。	東、西、南西	青
13	水	大安／子丑	♥花でもスイーツでも自分にご褒美を。いい出会いがあります。	北西、南東、南西	赤
14	木	赤口／子丑 ホワイトデー	欲張らず堅実に過ごしていれば、まわりに協力者が現れます。	北、南、東	キャメル
15	金	先勝／寅卯	現状維持ができればOK。寝る前に翌日の洋服を準備すること。	北東、南東、南西	黒

16	土	友引／寅卯	焦りは禁物。アウトドアで過ごし、リフレッシュしましょう。	東、西、北東	紫
17	日	先負／辰巳 彼岸入り	迷っているなら断る勇気も必要。自分のペースで動いて。	南、西、北西	黄色
18	月	仏滅／辰巳	気が大きくなりますが、無責任な態度は信頼を失います。	北、北東	白
19	火	大安／午未	仕事を先のばしにしないこと。犬モチーフのアイテムが吉。	南	青
20	水	赤口／午未 春分の日	お墓参りでは念入りに掃除を。お年寄りを大切にしましょう。	東、北西、南東	クリーム色
21	木	先勝／申酉	出会いが増えるぶんトラブルもあることを心に留めること。	東、西、南西	黄緑
22	金	友引／申酉	チャンスを生かすなら情報収集を。新しい趣味を始めると◯。	北西、南東、南西	茶色
23	土	先負／戌亥 彼岸明け	作り置きをしたり床を磨いたり、家事に専念すると運気好転。	北、南、東	キャメル
24	日	仏滅／戌亥	♠ 疲れがたまっているかも。スパで体をあたためて休息して。	北東、南東、南西	紺色
25	月	大安／子丑	★ 大きなチャレンジのタイミング。契約書の扱いには注意を。	東、西、北東	ベージュ
26	火	赤口／子丑	収支のバランスは崩さないで。手作り弁当を持参しましょう。	南、西、北西	ピンク
27	水	先勝／寅卯	仕事に身を入れましょう。若い人の会話の中にヒントが。	北、北東	赤
28	木	友引／寅卯	贈り物や食事を奢ることで運気好転。やりすぎには注意。	南	水色
29	金	先負／辰巳	プライベートを優先したい日。チーズ料理がラッキー。	東、北西、南東	金色
30	土	仏滅／辰巳	玄関を掃除し、花を飾りましょう。心強い助っ人が現れます。	東、西、南西	ペパーミントグリーン
31	日	大安／午未	♥ 美しい音色が良縁をもたらします。一度始めたら最後まで。	北西、南東、南西	ワインレッド

停滞運　2024.4.4 ～ 2024.5.4

2024 April

4月

開運3か条
- 新品のタオルを使う
- バブルバスを楽しむ
- 下着のおしゃれをする

内面の充実に力を入れたいとき

モードチェンジをしてください。前月頑張った疲れもたまっています。来月からの運気の波にのるためにも、しっかりパワーをチャージすることが大切です。無理をして頑張っても結果が出ず、スランプだと感じそう。新年度を迎え、今後のプランを思案するのには適した運気です。あなたの内面の充実をはかり、さまざまな情報に触れるようにしましょう。

安易に噂話に加わると、信用をなくすことに。一歩引いた態度でいれば、理不尽なトラブルを避けることができます。気持ちが落ち着かず、不平不満を口にしたくなりますが、それではさらに運気を下げるので注意して。早めに就寝し、起床後は新鮮な空気で深呼吸し、ミネラルウォーターを飲むようにしましょう。

4月の吉方位	北東、南東、南西
4月の凶方位	北、南、東、西、北西

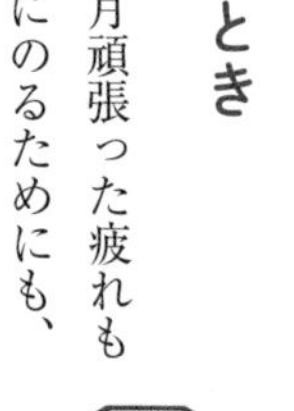

この天中殺の人は要注意

辰《たつ》巳《み》天中殺

落雷に遭ったような衝撃的なことが起きそう。かなり体力を消耗するので、柑橘類でビタミンC補給を心がけてください。詐欺に遭いやすい運気になります。十分に注意してください。

仕事運 ※辰巳天中殺の人は仕事で無理は禁物。

目の前の仕事をクリアすることに全力を尽くしてください。アクションを起こすより、状況分析が重要なときです。また不安が残る案件ではプランAだけでなく、プランCまで用意しておくこと。きちんと準備しておけば、計画が妨害されても柔軟な対応をとることができ、リスクを減らすことができます。

金運

増やすより、減らさないことが重要な運気です。出費内容をチェックし、エコやフードロス削減を心がけて。予算を立てて収支を管理することがおすすめです。自己投資のための出費もキープしておきましょう。盗難に遭いやすい運気なので十分に注意を。

愛情運

寂しさから相手を求めると、間違った選択をします。理解してもらうより、まず相手を理解すること。身近な人を大切にしてください。ふたりで穏やかな時間を過ごせるなら、正しい選択と言えるでしょう。シングルなら、ひとりの時間を充実させ、あなたの魅力を磨いてください。将来のチャンスにつながります。

4月のおそうじ風水 ▶ **バスルーム。シャワーヘッドもきれいに。**

日	六曜／天中殺 祝日・歳時記	毎日の過ごし方 ★強運日 ♠要注意日 ♥愛情運 ◆金運 ♣人間関係運	吉方位	ラッキーカラー
1 月	赤口／午未	新年度からの目標を決めると心の支えに。コットン製品が吉。	北、南、東	山吹色
2 火	先勝／申酉	体力を温存させること。食事はオーガニックフードを選んで。	北東、南東、南西	黒
3 水	友引／申酉	★勝負運があるので、新しい案件には積極的に取り組みましょう。	東、西、北東	ベージュ
4 木	先負／戌亥 清明	人間関係に変化がありそう。冷静さを保って向き合うように。	南、西、北西	黄色
5 金	仏滅／戌亥	お金に関する相談は慎重に。食事中のマナーに気をつけて。	北、北東	金色
6 土	大安／子丑	高級感のある服を選んで。買い物するならアウトレットが吉。	南	青
7 日	赤口／子丑	生活習慣を見直しましょう。家族と過ごす時間を大切に。	東、北西、南東	クリーム色
8 月	先勝／寅卯	楽しいおしゃべりが運気アップの鍵。挨拶も笑顔を心がけて。	東、西、南西	銀色
9 火	先負／寅卯	音楽を聴きながら朝の支度をすると、ひらめきがあります。	北西、南東、南西	碧（深緑）
10 水	仏滅／辰巳	結果が出なくても焦らないで。公園で自然に触れましょう。	北、南、東	山吹色
11 木	大安／辰巳	仕事は早めに切り上げて。プリーツのある洋服がラッキー。	北東、南東、南西	白
12 金	赤口／午未	予想外の展開がありそう。書類の保管はきちんとすること。	東、西、北東	オレンジ
13 土	先勝／午未	周囲の流れに逆らわないで。ヘアスタイルでイメチェンを。	南、西、北西	ピンク
14 日	友引／申酉	レジャーにお金を使ってもいい日。自分へのご褒美もＯＫ。	北、北東	白
15 月	先負／申酉	やりがいを感じても強気は禁物。風呂敷を活用すると○。	南	銀色

16	火	仏滅／戌亥 土用	前進すると敵をつくります。なるべく部屋の真ん中に座って。	東、北西、南東	キャメル
17	水	大安／戌亥	♣出入口をきれいに片づけておくと、良縁に恵まれます。	東、西、南西	青
18	木	赤口／子丑	♥特別なスタートのタイミング。柑橘系の香りで気分を上げて。	北西、南東、南西	赤
19	金	先勝／子丑 穀雨	パワーは低めですが、やることリストで手堅く進めましょう。	北、南、東	山吹色
20	土	友引／寅卯	♠水回りの掃除を念入りにして。夜は趣味の時間を楽しむと○。	北東、南東、南西	紺色
21	日	先負／寅卯	陽光《ようこう》がたっぷり入る店でランチを。おしゃれして出かけて。	東、西、北東	ベージュ
22	月	仏滅／辰巳	空気を読んで。山の絵や写真を飾ると気持ちが落ち着きます。	南、西、北西	キャメル
23	火	大安／辰巳	◆緊張感を保ち、真摯《しんし》な態度で取り組めば金運に恵まれます。	北、北東	金色
24	水	赤口／午未	仕事のスキルを上げる努力を。手土産は慎重に選びましょう。	南	白
25	木	先勝／午未	何事も丸く収まります。冷蔵庫の食材で常備菜作りを。	東、北西、南東	黄色
26	金	友引／申酉	交友関係が広がりますが、付き合う相手は慎重に選ぶこと。	東、西、南西	ペパーミントグリーン
27	土	先負／申酉	調子のいい話が持ち込まれそう。丁寧な言葉遣いを意識して。	北西、南東、南西	ワインレッド
28	日	仏滅／戌亥	自然の中で過ごして地平線を見ると、気持ちが晴れ晴れします。	北、南、東	山吹色
29	月	大安／戌亥 昭和の日	近場の温泉で日頃の疲れを癒《いや》しましょう。内面の充実が大事。	北東、南東、南西	水色
30	火	赤口／子丑	全力投球できます。お気に入りのアクセサリーをつけて外出を。	東、西、北東	紫

2024 May

5月

基礎運　2024.5.5 ～ 2024.6.4

開運3か条
- サラダを食べる
- 公園を散歩する
- 料理を楽しむ

思いやりある行動が開運の鍵

運気は上昇傾向にありますが、まだ本調子ではありません。地道な努力を忘れないようにしてください。そうすれば、これからの見通しが立つはずです。同僚や後輩が動きやすいように状況を整えたり、友人の希望を受け入れたり、縁の下の力持ちになりましょう。ボランティアを始めるのもおすすめです。また、頑固にならず穏やかな言葉遣いを心がけることも大切。迷うことがあれば、あえて厳しい道を選びましょう。それがあなたの実力をアップさせます。思いがけない抜擢も待っているかもしれません。

ルーティンを大切にすることも運気の波にのる要素のひとつ。花の水やりや外出前に洗い物をすませるなど、丁寧な生活を送るように心がけましょう。

5月の吉方位	北、南
5月の凶方位	西、北東、北西、南東、南西

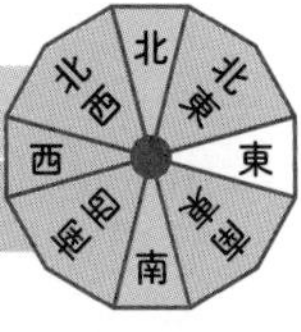

この天中殺の人は要注意

辰《たつ》巳《み》天中殺

油断が大きなミスにつながります。どんなことも手を抜かず、ダブルチェックを忘れないように。頑固になると、身動きがとれなくなります。相談ごとは実母か、子どもを持つ女性の友人に。

仕事運

与えられた課題に全力で取り組みましょう。リーダー役よりサポート役になると、スムーズに進みます。なかなか成果が見えないプロジェクトは、もう一度計画を見直してください。必要な根回しをスキップしているかもしれません。焦らず、協調性を大切に手堅く進むことが重要な運気です。

金運

今後のマネープランを立てましょう。ライフプランを考慮しながら、必要な金額を考えて。そのためにアルバイトなどを始めてもいいでしょう。ゴールデンウィークのレジャー費用は予算を立て、オーバーしないように管理してください。

愛情運

※辰巳天中殺の人は新しい出会いは先にのばして

あなたの家庭的な面が見えると、注目されそう。ピクニックなどでは手作り弁当を用意しましょう。ドラマチックな展開は期待できませんが、友だちが恋人になるかも。パートナーがいる人は日常を大切にすること。一緒に料理をしたり、カフェでお茶を楽しんだりしましょう。小さなことにも感謝の言葉を忘れないように。

5月のおそうじ風水 ▶ **ベランダ。床を掃除し排水溝もチェック。**

日	六曜／天中殺 祝日・歳時記	毎日の過ごし方 ★強運日 ♠要注意日 ♥愛情運 ◆金運 ♣人間関係運	吉方位	ラッキーカラー
1 水	先勝／子丑 八十八夜	取捨選択がうまくいきそう。入出金のチェックを忘れずに。	南、西、北西	ピンク
2 木	友引／寅卯	美しい口元が開運の鍵。デンタルケアのアイテムを新調して。	北、北東	金色
3 金	先負／寅卯 憲法記念日	タワーに登って景色を眺めましょう。プラス思考になります。	南	白
4 土	仏滅／辰巳 みどりの日	不用意に出かけないほうがいい日。壊れている物は処分を。	東、北西、南東	クリーム色
5 日	大安／辰巳 こどもの日 立夏	♣旅行は飛行機を使うのが◯。新しい可能性が広がります。	東、西、南西	ペパーミントグリーン
6 月	赤口／午未 振替休日	チャンスを生かせる日。コンサートで生の演奏を楽しんで。	北西、南東、南西	茶色
7 火	先勝／午未	段取りを決めてから取りかかると、スムーズにいきます。	北、南、東	黒
8 水	仏滅／申酉	♠人を信用できなくなりそう。早めに帰宅し、ゆっくり過ごして。	北東、南東、南西	紺色
9 木	大安／申酉	★望むポジションを得られそう。きちんとメイクして外出を。	東、西、北東	ベージュ
10 金	赤口／戌亥	不動産情報を集めるといい日。新しいアイテムを飾るのも◯。	南、西、北西	キャメル
11 土	先勝／戌亥	◆お誘いは断らないで。華やかな雰囲気が金運を呼び込みます。	北、北東	赤
12 日	友引／子丑 母の日	お母さんへの贈り物は奮発して。名所旧跡を一緒に訪れても。	南	銀色
13 月	先負／子丑	物事がスムーズにいかないなら、静かに過ごして早めに帰宅を。	東、北西、南東	黄色
14 火	仏滅／寅卯	活気にあふれますが、攻撃的な態度はＮＧ。笑顔で過ごして。	東、西、南西	黄緑
15 水	大安／寅卯	♥早起きして鳥のさえずりを聞くと素敵な出会いに恵まれそう。	北西、南東、南西	碧（深緑）

PRESENT

『九星別ユミリー風水』16周年記念
読者プレゼント

読者の皆さまへ感謝の気持ちを込めて、
プレゼント企画を実施中です。

＼金運UP！／
招き猫

ゴールドのかわいらしい招福金運招き猫。
金運はもちろん、人を呼び込んで人気運もアップ。
玄関に向かって正面の位置
もしくは西の方角に置くと○。

A賞
招き猫
5名様

B賞
図書カード（1000円）
20名様

応募方法

大和書房ユミリーサイトへアクセス！
https://www.daiwashobo.co.jp/yumily/

ユミリープレゼント　で検索

携帯電話は
こちらから

応募フォームに必要事項をご記入のうえ、
ご希望の商品を選んでください。

▶▶ 応募締め切り
2024年2月29日（木）

16 木	赤口／辰巳		スキルアップのための学習を。仕事では脇役に徹しましょう。	北、南、東	山吹色
17 金	先勝／辰巳		派手なお付き合いは避けたほうが無難。靴下のおしゃれが吉。	北東、南東、南西	水色
18 土	友引／午未		気持ちが前向きですが無理は禁物です。手鏡を持ち歩くと◯。	東、西、北東	赤
19 日	先負／午未		環境を変えたくなりますが慎重に。ハイキングで気分転換を。	南、西、北西	ピンク
20 月	仏滅 小満／申酉		クリスタルをあしらったアイテムを持つと気分が上がります。	北、北東	金色
21 火	大安／申酉		忙しくても丁寧な電話対応を。デスクの整理をすると吉。	南	白
22 水	赤口／戌亥		丸く収める努力が大事。金箔を施したスイーツがラッキー。	東、北西、南東	クリーム色
23 木	先勝／戌亥		玄関前の道路を掃除して。遠方から嬉しい知らせが来そう。	東、西、南西	青
24 金	友引／子丑		やりたいことに挑戦。スプラウトをトッピングしたサラダを。	北西、南東、南西	ワインレッド
25 土	先負／子丑		クローゼットの整理整頓を。生活習慣や環境を見直しましょう。	北、南、東	黒
26 日	仏滅／寅卯	♠	自然豊かな場所で川沿いを散歩すると気持ちが落ち着きます。	北東、南東、南西	白
27 月	大安／寅卯	★	引き立て運あり。身だしなみを整えて仕事に向かいましょう。	東、西、北東	オレンジ
28 火	赤口／辰巳		順調だったことが停滞するかも。ベンチに座って小休止して。	南、西、北西	ピンク
29 水	先勝／辰巳	◆	人のためにお金を使うと運気がアップ。笑顔を忘れないこと。	北、北東	黄色
30 木	友引／午未		仕事を先のばしにしないこと。時計の盤面を磨きましょう。	南	青
31 金	先負／午未		過去の失敗を指摘されても冷静に。部屋のプチ模様替えが◯。	東、北西、南東	キャメル

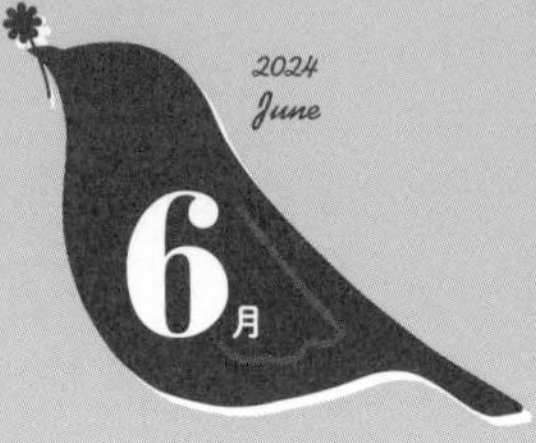

開始運　2024.6.5 〜 2024.7.5

開運3か条
- 生花を飾る
- ニュースを見る
- 梅干しを食べる

チャレンジ精神が新しい世界をひらく

新しい動きをキャッチしたら、チャレンジして。最後までやり抜く覚悟が、あなたを大きな成功に導いてくれます。途中で投げ出すと、成果を手にすることはできません。あたためていたアイデアやプランがあるなら実行に移してみましょう。ただし、チャンスをつかむためには、日頃の準備が重要です。アンテナを全方向に張り、世の中の動きをいち早くつかむようにしてください。特にZ世代の情報に大きなヒントが隠れていそう。エネルギッシュに活動し、運気の波にのりましょう。

活気に満ちた運気なので、注意しないと浮き足立ち、失敗しそう。オンとオフを上手に切り替えるために好きな音楽を聴いたりウォーキングをしたりして、リフレッシュすることを心がけましょう。

6月の吉方位	南東、南西、北北西
6月の凶方位	北、南、東、西、北東

この天中殺の人は要注意

午《うま》未《ひつじ》天中殺

子どもや部下に関するアクシデントが起きそう。助けを求めても、応えてくれる人は少ないかもしれません。思い込みで行動すると、周囲の信頼を失うことになります。静かに過ごすように努めて。

仕事運 **※午未天中殺の人は新しい取り組みは先にのばして**

新しいプロジェクトから、嬉しいオファーがあるかもしれません。テンションが上がりますが、自己主張はほどほどに。責任も重くなりますが、確実性を忘れなければスムーズに進みます。起業や独立、事業拡大を考えるのにもいい運気。プランを実行に移すなら、見切り発車せず十分な準備をすませてからにして。

金運

ネットワークを広げるための出費が、世の中をめぐって大きく育ちそうです。買い物はＳＮＳで情報を集めてから、品定めをするのがおすすめ。耳寄りな不動産や株情報もありますが、裏取りをしっかりしないと詐欺に遭う可能性があるので注意しましょう。

愛情運 **※午未天中殺の人は新しい出会いは先にのばして**

恋愛運は好調です。周囲の注目を集める運気なので、初対面の人が多い集まりにも参加しましょう。ブーケアレンジの生花を自宅に飾っておくと、さらに運気がアップします。好印象を持てる相手には積極的にアピールを。ただし、テンションが上がりすぎて自分の話ばかりしないように注意してください。

6月のおそうじ風水 ▶ **スマートフォン。画面をピカピカに磨いて。**

★強運日　♠要注意日　♥愛情運　◆金運　♣人間関係運

日	六曜／天中殺 祝日・歳時記	毎日の過ごし方	吉方位	ラッキーカラー
1 土	仏滅／申酉	フォトフレームを拭いてきれいに。チャンスを生かせます。	東、西、南西	ペパーミントグリーン
2 日	大安／申酉	♥好きな人に告白するなら目元のメイクにこだわりましょう。	北西、南東、南西	茶色
3 月	赤口／戌亥	計画が進まないときは脇役に徹して。寄付をすると○。	北、南、東	山吹色
4 火	先勝／戌亥	ストレスから衝動買いに走りそう。家族との時間を大切に。	北東、南東、南西	紺色
5 水	友引／子丑 芒種	目立った行動をとると悪い面も見えてしまいそう。焦らないで。	東、西、北東	ベージュ
6 木	大安／子丑	落ち着いて行動できるようにテーブルに花を飾りましょう。	南、西、北西	キャメル
7 金	赤口／寅卯	◆ダイヤのアクセサリーが運気アップの鍵。誘いにはのって。	北、北東	金色
8 土	先勝／寅卯	ポジティブマインド全開でＯＫですが、目上の人には敬意を。	南	銀色
9 日	友引／辰巳	人の失敗談から気づきがありそう。片づけをして整理整頓。	東、北西、南東	黄色
10 月	先負／辰巳 入梅	季節感を意識したファッションで。交友関係が広がります。	東、西、南西	黄緑
11 火	仏滅／午未	チャンスを生かせます。ＳＮＳでの情報発信には注意すること。	北西、南東、南西	ワインレッド
12 水	大安／午未	楽なことばかり選ばないように。ローヒールの靴がラッキー。	北、南、東	山吹色
13 木	赤口／申酉	自分を見つめ直すチャンス。資産運用はプロに相談すると○。	北東、南東、南西	黒
14 金	先勝／申酉	★これまでの仕事が評価されます。幸せは周囲におすそ分けを。	東、西、北東	赤
15 土	友引／戌亥	リフォームに関する情報を集めるといい日。省エネも考えて。	南、西、北西	ピンク

16	日	先負／戌亥 父の日	贈り物はハイブランドの品を選んで。笑顔を忘れないこと。	北、北東	黄色
17	月	仏滅／子丑	集中力がアップします。望むポジションをつかめるかも。	南	白
18	火	大安／子丑	前進は控えましょう。夕食はデパ地下グルメで調達して。	東、北西、南東	金色
19	水	赤口／寅卯	♣雑談でも会議でも自分から発言して。運気が活性化されます。	東、西、南西	ペパーミントグリーン
20	木	先勝／寅卯	外出続きで人疲れしそう。ピアノの曲を聴くと癒されます。	北西、南東、南西	赤
21	金	友引／辰巳 夏至	慎重に物事を進めるとき。丁寧な言葉遣いを心がけましょう。	北、南、東	クリーム色
22	土	先負／辰巳	♠自分の考えに固執しないで。おうち時間を楽しみましょう。	北東、南東、南西	紺色
23	日	仏滅／午未	充実感があります。日焼けに気をつけながら屋外で過ごして。	東、西、北東	オレンジ
24	月	大安／午未	収支バランスを崩さないように。手作り弁当を持参すると吉。	南、西、北西	金色
25	火	赤口／申酉	◆気持ちにゆとりが出て、さらなるチャンスに恵まれるかも。	北、北東	白
26	水	先勝／申酉	購入ポイントをチェックしてから買い物にいきましょう。	南	銀色
27	木	友引／戌亥	忘れ物に注意。ゆとりある行動でトラブル回避を心がけて。	東、北西、南東	黄色
28	金	先負／戌亥	お付き合いに疲れたら距離を置くといいかも。パスタが吉。	東、西、南西	青
29	土	仏滅／子丑	頼まれてもすぐに引き受けないで。浴衣の準備をしましょう。	東、西、南西	黄緑
30	日	大安／子丑	金箔ののった華やかなスイーツを食べて。運気が安定します。	東、北西、南東	黄色

開花運　2024.7.6 ～ 2024.8.6

開運3か条
- ヘアスタイルを変える
- 扇子を持つ
- 暑中見舞いを出す

人脈がチャンスを運んでくる

　さまざまな人たちがチャンスを運んできてくれます。さらなる人脈を広げるために積極的に行動してください。旧友とこまめに連絡をとると、思わぬひらめきにも恵まれます。新しい人脈からは、いざというときに助けてくれる心強い味方も現れそうです。調子がよくキラキラと輝くあなたには、下心を持つ人も近づいてきます。八方美人にならず相手の本質をよく見てください。また、何かを頼まれたら安請け合いせず、考えるゆとりを持ちましょう。中途半端な返事をしていると、相手に誤解されることが。きちんと伝えることを心がけてください。

　人付き合いが増えて、知らずしらずのうちにストレスがたまります。ハーブティーや好みのアロマでリフレッシュする時間を持ちましょう。

7月の吉方位	南西
7月の凶方位	北、南、北東、北西、南東

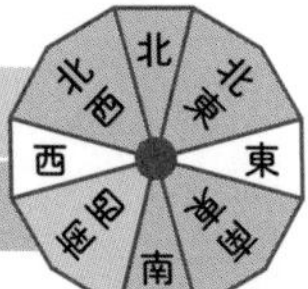

この天中殺の人は要注意

午《うま》未《ひつじ》天中殺

思いもよらない事態に慌てそうです。状況は静かに受け入れるしかありません。契約書や委任状の記入は、他の人のチェックを受けること。不満を口にするとさらに運気が下がるので注意してください。

仕事運 **※午未天中殺の人は仕事に無理をしないこと**

周囲の人からのサポートもあり、難しい案件もスムーズに運びそうです。人とのつながりが重要な運気なので、名刺の整理はきちんとしておきましょう。また、情報の正確性もキーポイント。真偽を確かめ、ディスコミュニケーションがないようにしてください。やりとりのメモや記録を残すようにしましょう。

金運

人脈が広がるのに伴って交際費は増えますが、必要経費と考えましょう。夏のファッションアイテムの購入もOK。調子がよく気持ちも大きくなるので、見栄を張ったお金の使い方をしがち。行きすぎると反感をかうので注意すること。

愛情運 **※午未天中殺の人は新しい出会いは先にのばして**

出会いが増えるので、恋のチャンスも増えます。友人が応援してくれて気になる人との距離が縮まるかもしれません。引く手あまただからと、誰にでもいい顔をすると誤解され、運気は一気に下がります。パートナーとは結婚話が進むかも。家族や親戚など信頼のおける人に相談するといいでしょう。

7月のおそうじ風水 ▶ **玄関。三和土《たたき》を念入りに拭きお香を焚いて。**

日	曜	六曜／天中殺 祝日・歳時記	毎日の過ごし方 ★強運日 ♠要注意日 ♥愛情運 ◆金運 ♣人間関係運	吉方位	ラッキーカラー
1	月	赤口／寅卯 半夏生	持ち物を整理して思考もシンプルに。移動に車を使うと吉。	南	青
2	火	先勝／寅卯	丁寧なデンタルケアで口元を美しく。仕事に身が入ります。	北、北東	赤
3	水	友引／辰巳	現実逃避したくなっても冷静に。肉料理でスタミナをつけて。	南、西、北西	キャメル
4	木	先負／辰巳	忙しくて集中力がなくなりそう。ひと息ついて太陽を浴びて。	東、西、北東	オレンジ
5	金	仏滅／午未	♠余力はないかも。タオルを新しいものに取り替えましょう。	北東、南東、南西	白
6	土	赤口／午未 小暑	着地点が見えなくても地道に。キッチンまわりの掃除が◯。	北、南、東	黒
7	日	先勝／申酉 七夕	♥人間関係に好転の兆し。そうめんを食べ、短冊に願いを。	北西、南東、南西	茶色
8	月	友引／申酉	玄関を軽く掃除してから外出して。チャンスを生かせます。	東、西、南西	ペパーミントグリーン
9	火	先負／戌亥	周囲の意見をよく聞き、逆らわないこと。日陰でひと休みを。	東、北西、南東	金色
10	水	仏滅／戌亥	自分にご褒美をあげて気持ちを切り替えて。バランスが大切。	南	水色
11	木	大安／子丑	◆会食に誘われたら参加しましょう。楽しむことで運気アップ。	北、北東	白
12	金	赤口／子丑	省エネに取り組んで。周囲の変化にも柔軟に対応できます。	南、西、北西	ピンク
13	土	先勝／寅卯	★幸せを感じたらおすそ分けをして。海辺のドライブが吉。	東、西、北東	ベージュ
14	日	友引／寅卯	悩みがあるなら実家に行き、穏やかな時間を過ごしましょう。	北東、南東、南西	紺色
15	月	先負／辰巳 海の日	本調子ではないのでファームレストランでゆったりランチを。	北、南、東	クリーム色

16	火	仏滅／辰巳	テンションが上がってまわりが見えなくなるかも。失言に注意。	北西、南東、南西	碧（深緑）
17	水	大安／午未	♣朝起きたら窓を開け、風を通して。遠方から朗報が聞けるかも。	東、西、南西	青
18	木	赤口／午未	思い通りにいかないなら静かに過ごして。冷蔵庫の整理を。	東、北西、南東	黄色
19	金	先勝／申酉 土用	ちょっと奮発してメロンがのったぜいたくスイーツを食べて。	南	銀色
20	土	友引／申酉	切れた電球は速やかに取り替えること。金運がめぐります。	北、北東	金色
21	日	先負／戌亥	自分を振り返る時間を持って。座禅などお寺のイベントが○。	南、西、北西	キャメル
22	月	仏滅／戌亥 大暑	行動的になると、隠しておきたい部分も見えてしまうかも。	東、西、北東	紫
23	火	大安／子丑	目の前の仕事に集中して。噴水のそばに行くと気分転換に。	北東、南東、南西	黒
24	水	赤口／子丑	スキルアップに取り組むと運気が回復。抜擢されるかも。	北、南、東	山吹色
25	木	先勝／寅卯	♥新しい恋を引き寄せたいなら、好きな言葉をノートに書いて。	北西、南東、南西	赤
26	金	友引／寅卯	畳のヘリを踏まないように。大人のマナーを身につけること。	東、西、南西	銀色
27	土	先負／辰巳	人に裏切られるかも。睡眠環境を整え、しっかり休息して。	東、北西、南東	黄色
28	日	仏滅／辰巳	円満に物事を進めたいとき。名所旧跡を訪れると運に弾みが。	南	白
29	月	大安／午未	◆緊張感を持っていればうまくいきます。ダイヤで華やかに。	北、北東	赤
30	火	赤口／午未	冷静さをキープして。誰かと食事にいったら割り勘で支払いを。	南、西、北西	金色
31	水	先勝／申酉	★勝負運があります。少々のリスクなら新規案件に取り組んで。	東、西、北東	紫

2024 August

8月

静運 2024.8.7 〜 2024.9.6

開運3か条
- お墓の掃除をする
- 日陰で休む
- ヨーグルトを食べる

❋プライベート優先で過ごす

忙しく過ごした後は、休憩モードの運気がめぐってきます。今月は仕事や社会活動より、家庭や家族を大切にしてください。無理に進もうとしても、目の前には高い壁が立ちはだかります。新しいことに手を出さず、思うようにならなくてもやけを起こさないこと。何事も、ほどほどで満足してください。残業は避け、早めに帰宅して家族と食卓を囲み、一緒にドラマやゲームを楽しんでみては。新しい気づきがあるかもしれません。健康的な生活を心がけ、家族全員の体調を整えましょう。

今まで問題がなかったスケジュールも、いきなり大きな変更を求められそうです。正論を述べても、状況は変わらないので、冷静に受け入れましょう。戦わない姿勢が運気を安定させます。

8月の吉方位	南東、北北西
8月の凶方位	北、南、西、北東、南西

この天中殺の人は要注意

申《さる》酉《とり》天中殺

マイペースを心がけ、周囲に引きずられないようにしましょう。新しいことに手を出さず、リスクをとらないこと。家や土地にかかわる話には慎重に対応することが重要です。熱中症に注意してください。

仕事運

やるべき仕事に集中してください。急な変更があっても不満を口にしないこと。責任が大きくなり、手を広げると失敗します。生産性を上げるより、仕事の精度にこだわりましょう。同僚やスタッフにはねぎらいの言葉を忘れないように。生活習慣が乱れがちなので、なるべく残業は避け、家でゆっくり過ごしましょう。

金運

収支のバランスを崩さないこと。家計を見直して、無駄な出費を抑えるようにしましょう。夏休みに不用品の整理をしてみては。リサイクルショップやフリマを活用して、次の使い手を探しましょう。また、大きな買い物は来月にまわすこと。

愛情運

新しい出会いは期待できそうにありません。気になる人がいてもアプローチは控えたほうが無難。無理に動かず、恋愛運がめぐってくるときに備えて、自分磨きに専念しましょう。パートナーとは結婚話が具体的になってくるかもしれません。家族からのサポートを得ることができたら、次のステップに進みましょう。

8月のおそうじ風水 ▶ **キッチンのゴミ箱。外側やふたもきれいに。**

★強運日　♠要注意日　♥愛情運　◆金運　♣人間関係運

日	六曜/天中殺 祝日・歳時記	毎日の過ごし方	吉方位	ラッキーカラー
1 木	友引/申酉	体の冷えに注意。お気に入りの入浴剤で湯船に浸かって。	北東、南東、南西	水色
2 金	先負/戌亥	与えられた課題だけをこなせばOK。枝豆を食べると運気回復。	北、南、東	黒
3 土	仏滅/戌亥	思いつきで動くと失敗しそう。レモンスイーツがラッキー。	北西、南東、南西	ワインレッド
4 日	先勝/子丑	♣笑顔を心がけると、新しいコミュニティから声がかかるかも。	東、西、南西	ペパーミントグリーン
5 月	友引/子丑	手を広げすぎないこと。食材の無駄を省き、エコに取り組んで。	東、北西、南東	金色
6 火	先負/寅卯	チームワークが大切。センスのいい手土産を選びましょう。	南	青
7 水	仏滅/寅卯 立秋	お金に関する相談には慎重になって。秋の花を飾ると◯。	北、北東	白
8 木	大安/辰巳	チームのスケジュール管理を。上手な取捨選択ができます。	南、西、北西	黄色
9 金	赤口/辰巳	★ネットショッピングにツキあり。メイクアイテムを購入して。	東、西、北東	オレンジ
10 土	先勝/午未	人を信用できなくなるかも。フルーツ入りのかき氷を食べて。	北東、南東、南西	紺色
11 日	友引/午未 山の日	物事は慎重に進めること。地平線を見たり芝生に寝転ぶと吉。	北、南、東	黒
12 月	先負/申酉 振替休日	気疲れしそう。ライブなど生の音楽に触れると運気がアップ。	北西、南東、南西	赤
13 火	仏滅/申酉 お盆(～8/16)	浴衣を着るなら扇子を忘れずに持って。協力者が現れます。	東、西、南西	銀色
14 水	大安/戌亥	スケジュール調整が開運の鍵。子どもにお小遣いをあげて。	東、北西、南東	黄色
15 木	赤口/戌亥	家族でお墓参りにいきましょう。お寿司を奮発すると吉。	南	白

16	金	先勝／子丑	◆ 誘いが来たら断らないで。収入アップのチャンスがあるかも。	北、北東	赤
17	土	友引／子丑	住まい関連のリサーチをするといい日。親には電話で相談を。	南、西、北西	キャメル
18	日	先負／寅卯	焦燥感に駆られますが冷静に。窓ガラスをきれいに磨いて。	東、西、北東	ベージュ
19	月	仏滅／寅卯	♠ 家族に言えない秘密を抱えそう。寝室を整え、早めに就寝して。	北東、南東、南西	水色
20	火	大安／辰巳	目標を小さく設定し、達成感を味わって。昼食はおにぎりが○。	北、南、東	山吹色
21	水	赤口／辰巳	♥ 枕元にお気に入りの香水の瓶を置くと、五感が刺激され開運。	北西、南東、南西	茶色
22	木	先勝／午未 処暑	♣ 交渉ごとがうまくいきそう。食事はテイクアウトで簡単に。	東、西、南西	ペパーミントグリーン
23	金	友引／午未	トラブルに巻き込まれるかも。部屋のプチ模様替えが吉。	東、北西、南東	キャメル
24	土	先負／申酉	お世話になった人に食事をご馳走すると運気が好転します。	南	銀色
25	日	仏滅／申酉	レジャーにお金を使うと○。満ち足りた気分になり運気上昇。	北、北東	黄色
26	月	大安／戌亥	収支バランスを崩さないで。テーブルはきれいに拭くこと。	南、西、北西	ピンク
27	火	赤口／戌亥	★ 存在感をアピールして、積極的にチャレンジしましょう。	東、西、北東	紫
28	水	先勝／子丑	プレゼンに向かない日。仕事を早めに切り上げて家でゆっくり。	北東、南東、南西	黒
29	木	友引／子丑	サポート役になり相手を輝かせて。先の見通しがつきます。	北、南、東	山吹色
30	金	先負／寅卯	自己主張はほどほどに。花モチーフのアイテムがラッキー。	北西、南東、南西	碧（深緑）
31	土	仏滅／寅卯 二百十日	玄関を掃除したら鏡も磨くこと。交友関係が広がります。	東、西、南西	銀色

結実運 2024.9.7 ～ 2024.10.7

開運3か条
- 寄付をする
- 時計を身につける
- 朝食を食べる

パワフルに活動できる運気です

心身ともに活気にあふれています。周囲からも評価され、充実感も得られるでしょう。調子がいいときこそ、周囲への気配りを忘れないことが大切です。あなたの成功は周囲のサポートがあってこそだと肝に銘じてください。もうひとつ大切なことは、本物に触れて教養を高めること。買い物でも値段ではなく、品質にこだわるように心がけましょう。

フルパワーで活動するためには、しっかりと朝食を食べることが大切です。それでも疲れを感じたらゆったりとしたカフェでリラックスを。時間を有効に使うために、やるべきことを先のばしせず、すぐに処理しましょう。さらに文字盤のある腕時計を身につけると、運気のサポートを得られます。

9月の吉方位	南
9月の凶方位	北、東、西、北東、北西、南東、南西

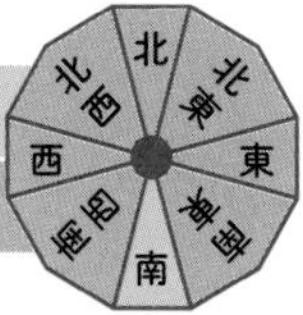

申《さる》酉《とり》天中殺

この天中殺の人は要注意

仕事がおろそかになります。また、収支の管理がルーズになり、資金がショートするかも。なんとか危機をクリアしたと思っても、次の天中殺の谷が待っていそう。誘われても断り、ひとりでいるように。

仕事運

※申酉天中殺の人は新しい仕事は先にのばして

上司との円滑なコミュニケーションが、仕事運アップの鍵になります。連絡や報告はこまめにすること。また移動にタクシーを使うのもおすすめ。ひとりで考えをまとめる時間をつくることができます。調子がいいので、疲れに気づきにくくなっています。リラックスする時間もつくるように心がけましょう。

金運

調子のよい仕事運が、金運もアップさせます。気が大きくなり予算オーバーになりがち。収支のバランスをとるようにしてください。予想外の出費もありそうなので、手持ちの資金にはゆとりを持たせましょう。ギャンブルには手を出さないほうが無難です。

愛情運

※申酉天中殺の人は新しい出会いを求めずで正解

仕事など社会的な活動が忙しく、恋愛は後まわしになりがち。出会いを求めるなら、仕事関係の中にいいご縁が隠れていそうです。また、目上の人からの紹介も期待できます。パートナーとは一緒に過ごす時間を大切にして。高級な食材を使った料理やシャンパンなどでリッチな気分を味わうといいでしょう。

9月のおそうじ風水 ▶ **パソコン。画面の汚れをとり、データを整理。**

★強運日　♠要注意日　♥愛情運　◆金運　♣人間関係運

日	六曜／天中殺 祝日・歳時記	毎日の過ごし方	吉方位	ラッキーカラー
1 日	大安／辰巳	新しいことはしないほうがいい日。非常食の期限をチェック。	東、北西、南東	金色
2 月	赤口／辰巳	前向きになりますが、やりすぎに注意。時計を磨きましょう。	南	水色
3 火	友引／午未	緊張感が足りないかも。カフェでひと休みして気分転換を。	北、北東	赤
4 水	先負／午未	アドバイスは真摯に受け止めて。変化にうまく対応すること。	南、西、北西	キャメル
5 木	仏滅／申酉	忙しくて集中力が欠如しがち。きちんとメイクして出かけて。	東、西、北東	オレンジ
6 金	大安／申酉	活動的になるとトラブルに。プリーツのスカートがおすすめ。	北東、南東、南西	黒
7 土	赤口／戌亥 白露	パワーは低めなので、産地直送野菜で新しいレシピに挑戦を。	北、南、東	クリーム色
8 日	先勝／戌亥	♥東に鳥モチーフのアイテムを置くと、恋に進展があります。	北西、南東、南西	ワインレッド
9 月	友引／子丑 重陽の節句	安請け合いはしないこと。キッチンカーでランチを買って。	東、西、南西	黄緑
10 火	先負／子丑	仕事よりプライベートを優先。植物の水やりを忘れないで。	東、北西、南東	クリーム色
11 水	仏滅／寅卯	円満な形で物事を進めましょう。シルバーのアクセサリーが吉。	南	青
12 木	大安／寅卯	◆お誘いが来たら断らないこと。交友関係が広がると運気上昇。	北、北東	白
13 金	赤口／辰巳	迷うなら断ったほうがいいかも。早めに帰宅し家で過ごして。	南、西、北西	金色
14 土	先勝／辰巳	★勝負運があります。予想外の展開も前向きに受け止めてOK。	東、西、北東	赤
15 日	友引／午未	♠現実逃避したくなるかも。ホームエステでセルフケアをして。	北東、南東、南西	水色

16	月	先負／午未 敬老の日	着地点が見えなくても冷静に。レンガ造りの建物がラッキー。	北、南、東	黒
17	火	仏滅／申酉 十五夜	モチベーションが上がりますが誤解されそうな冗談は慎んで。	北西、南東、南西	茶色
18	水	大安／申酉	♣ 友人と食事にいきましょう。気持ちが充実し、新しい可能性が。	東、西、南西	ペパーミントグリーン
19	木	赤口／戌亥 彼岸入り	注目されたいなら真ん中に座って。環境に配慮した商品が○。	東、北西、南東	キャメル
20	金	先勝／戌亥	段取りを決めてから動くこと。アプリのアップデートを確認。	南	銀色
21	土	友引／子丑	思っているほど多くのことはできないかも。借金はしないで。	北、北東	赤
22	日	先負／子丑 秋分の日	家族とお墓参りにいきましょう。お土産は最中がおすすめ。	南、西、北西	ピンク
23	月	仏滅／寅卯 振替休日	大切なことは日中にすませて。フォーマルウェアの手入れを。	東、西、北東	紫
24	火	大安／寅卯	朝起きたら水を飲みましょう。気持ちが穏やかになります。	北東、南東、南西	水色
25	水	赤口／辰巳 彼岸明け	ゆっくり進んで。謙虚な姿勢を評価してくれる人がいます。	北、南、東	黒
26	木	先勝／辰巳	♥ 音楽を聴きながら散歩すると、素敵な出会いに恵まれそう。	北西、南東、南西	赤
27	金	友引／午未	周囲の協力を得たいならハーブティーでひと息入れましょう。	東、西、南西	銀色
28	土	先負／午未	前進すると敵をつくります。家で静かに過ごすのがおすすめ。	東、北西、南東	黄色
29	日	仏滅／申酉	名所旧跡めぐりを楽しんで。目上の人と信頼を築けます。	南	水色
30	月	大安／申酉	◆ 金運に恵まれます。好奇心のまま動いて新しい分野に挑戦を。	北、北東	白

2024
October

10月

金運　2024.10.8～2024.11.6

開運3か条
- 友人との交流を楽しむ
- 夜空の星を見る
- 秋の味覚を楽しむ

趣味やレジャーを思い切り楽しんで

秋の行楽シーズン到来！　思う存分レジャーや趣味を楽しみましょう。お誘いには積極的に参加すること。特におすすめはグランピング。友人や家族と一緒に秋を堪能してください。さらに秋のファッションを楽しむと運気の波にのることができます。少しスイートなテイストを取り入れるのがおすすめ。アクセサリーもコーディネートに加えましょう。

レジャーを楽しむためには、しっかりと仕事に取り組むことが大切です。緊張感と解放感のバランスが生活にメリハリをもたらしてくれます。ただし、テンションが上がってしまい、軽はずみな言動をとらないように注意してください。トラブルの原因になり、信用を失うことに。節度ある態度を心がけましょう。

10月の吉方位	北、北東
10月の凶方位	南、東、西、北西、南東、南西

この天中殺の人は要注意

戌《いぬ》亥《い》天中殺

いろいろなリクエストに振り回され、孤軍奮闘《ふんとう》を強いられます。周囲のサポートは期待できないので、自力でなんとかするしかありません。パソコンをバージョンアップして、対応するようにしましょう。

仕事運 **※戌亥天中殺の人は新しい人脈づくりは12月以降に**

会食やパーティーのお誘いが増え、新しい人脈を築けるでしょう。新たな可能性につながるチャンスなので、お誘いは断らないこと。ただ、華やかな雰囲気に包まれ、集中力が欠如しがちです。時間にルーズになり遅刻したり、ケアレスミスを起こしたりしやすいので、気を引き締めて仕事に向き合ってください。

金運

楽しむための出費が増えますが、予算内であれば問題ありません。また、人にプレゼントやご馳走をすると、金運に弾みがつきます。ただ先払いのキャッシュレス決済を多用すると、後悔することに。たとえ少額でも、友人に借金をするのもNGです。

愛情運 **※戌亥天中殺の人は新しい出会いは12月以降に**

交友関係が広がるので、素敵な出会いが期待できます。気の合う人に出会える可能性も高くなるでしょう。相手にはあなたの誠実さをアピールすることが大切です。パートナーやあなたにも誘惑が多いとき。ふたりで秋の夜空を眺め、ゆったりとした時間を過ごして。浮ついた気持ちも自然と落ち着いてきます。

10月のおそうじ風水 ▶ **カトラリー。やわらかい布できれいに磨いて。**

★強運日 ♠要注意日 ♥愛情運 ◆金運 ♣人間関係運

日	曜日	六曜／天中殺 祝日・歳時記	毎日の過ごし方	吉方位	ラッキーカラー
1	火	赤口／戌亥	一攫千金はNG。家具や家電の購入はレンタルも検討して。	南、西、北西	キャメル
2	水	先勝／戌亥	短気を起こしがち。キャリアアップの勉強を始めると吉。	東、西、北東	ベージュ
3	木	先負／子丑	♠悩みが増えるかも。トイレアイテムの洗濯で邪気祓いして。	北東、南東、南西	黒
4	金	仏滅／子丑	与えられた課題をコツコツと。思いがけない抜擢があるかも。	北、南、東	山吹色
5	土	大安／寅卯	♥物事が動き出しそう。片想いの人の写真は日の当たる場所へ。	北西、南東、南西	赤
6	日	赤口／寅卯	♣友人と食事にいくなら和食がおすすめ。人脈が広がります。	東、西、南西	青
7	月	先勝／辰巳	営業で失敗しないよう、周囲の意見はしっかり聞きましょう。	東、北西、南東	金色
8	火	友引／辰巳 寒露	丁寧な電話応対を心がけて。貸したお金を催促していい日。	南	白
9	水	先負／午未	対人関係では緊張感を保つこと。食後はデンタルケアを。	北、北東	赤
10	木	仏滅／午未	トラブルの芽は早めに摘んで。プチ模様替えでリセットが○。	南、西、北西	黄色
11	金	大安／申酉	★ポジティブな感覚を味わえるので、おしゃれして出かけて。	東、西、北東	オレンジ
12	土	赤口／申酉	エネルギーは低め。温泉でゆっくり過ごすと運気が回復。	北東、南東、南西	紺色
13	日	先勝／戌亥	怠《なま》け心は禁物。豆料理や根菜を陶器に盛るとパワーアップ。	北、南、東	クリーム色
14	月	友引／戌亥 スポーツの日	新しいスポーツに挑戦し、運を引き寄せて。迷わず進むこと。	北西、南東、南西	ワインレッド
15	火	先負／子丑 十三夜	出会いからトラブル発生。上着を脱ぐタイミングに注意して。	東、西、南西	ペパーミントグリーン

16	水	仏滅／子丑		貯金を減らさないように。投資関連のことはプロに相談を。	東、北西、南東	黄色
17	木	大安／寅卯		上司の話は素直に聞くこと。移動は車を使うのがおすすめ。	南	白
18	金	赤口／寅卯	◆	グルメを楽しんでOK。華やかな雰囲気に浸ると運気上昇。	北、北東	赤
19	土	先勝／辰巳		人間関係に変化あり。ハイキングに出かけリフレッシュして。	南、西、北西	ピンク
20	日	友引／辰巳 土用		前進していいとき。話題の作品は映画館で鑑賞しましょう。	東、西、北東	紫
21	月	先負／午未	♠	計画が妨害されそう。外出はクリスタルのアクセサリーで。	北東、南東、南西	水色
22	火	仏滅／午未		評価は気にしないで。ローテーブルで食事するのがおすすめ。	北、南、東	山吹色
23	水	大安／申酉 霜降	♥	柑橘系の香りが良縁を運びます。チャンスと見たら行動して。	北西、南東、南西	碧（深緑）
24	木	赤口／申酉	♣	幼なじみに連絡をとりましょう。いいニュースがあるかも。	東、西、南西	黄緑
25	金	先勝／戌亥		うまくいかなくても冷静に。引き出しの整理をすると○。	東、北西、南東	金色
26	土	友引／戌亥		高層ビルにあるハイブランドの店に行くと運気が好転します。	南	水色
27	日	先負／子丑		買い物で出費。キャッシュレス決済の記録を忘れないこと。	北、北東	赤
28	月	仏滅／子丑		周囲の流れに逆らわないで。ヘアアクセで髪型のアレンジを。	南、西、北西	黄色
29	火	大安／寅卯	★	引き立て運があるので積極的に挑戦を。手鏡を忘れないこと。	東、西、北東	紫
30	水	赤口／寅卯		盗難や詐欺に遭うかも。家でゆっくり趣味を楽しみましょう。	北東、南東、南西	白
31	木	先勝／辰巳 ハロウィン		サポート役を買って出て。かぼちゃスイーツを食べると○。	北、南、東	キャメル

2024 November

11月

改革運　2024.11.7～2024.12.6

開運3か条
- エコを心がける
- 家族にプレゼントをする
- 部屋の整理整頓をする

❋足元を見つめ直し、パワー充電を

運気は高い位置にありますが、ひと休み。あなたもひと休みをして、自分の足元を見つめ直すときです。周囲の変化に取り残されそうな気持ちになり、焦燥感にさいなまれますが、ぶれない心を大切にしてください。自ら変化を求めるといい結果にはなりません。感情で判断せず、受け身でいることが開運の鍵になります。これまでの自分を振り返り、これからの目標を再確認しましょう。今のあなたに足りないものをみつけるチャンスです。情報収集やステップアップに必要な勉強に取り組んでください。

残業や寄り道は避けて、家でゆっくり過ごしましょう。家族との会話を大切にし、離れている家族の声も聞くようにしてください。

11月の吉方位　南、北北西

11月の凶方位　北、東、北東、南東、南西

この天中殺の人は要注意

戌《いぬ》亥《い》天中殺

スキャンダルに見舞われそう。過去のトラブルも蒸し返されそうです。天中殺はメンタルトレーニングのひとつと考え、冷静な姿勢でいること。お年寄りを大切にして運気の貯金を心がけて。

仕事運

上司や部下、取引先などの人間関係に変化がありそう。納得できなくても冷静に受け入れましょう。今月はアウトプットではなくインプットが重要なとき。ゆったり構え、マイペースを心がけてください。知人や友人から、新しいビジネスの誘いがあっても安易に参加しないこと。さまざまな角度から検討しましょう。

金運

大きな買い物は避け、デイリーアイテムの買い物も堅実路線でいきましょう。衝動買いを避けるために買い物リストをつくり、買い物は冷蔵庫をチェックしてから。貯蓄や投資も手堅い方法を選ぶこと。まずはじっくり投資の勉強をすることが重要です。

愛情運

※戌亥天中殺の人は新しい出会いは12月以降に

今、手にしている幸せが見えなくなりそう。求める気持ちが強くなると、重い存在だと思われチャンスが遠のきます。出会いを求めるなら家族や友人に相談を。パートナーとは部屋のインテリアプランを立てましょう。結婚生活が具体的に見えるようになり、新しいフェーズに入るかもしれません。

11月のおそうじ風水 ▸ **ソファ。掃除機でホコリやゴミを吸いとって。**

日	曜日	六曜／天中殺 祝日・歳時記	毎日の過ごし方 ★強運日 ♠要注意日 ♥愛情運 ◆金運 ♣人間関係運	吉方位	ラッキーカラー
1	金	仏滅／辰巳	並木道を散歩して秋の気配を感じて。チャンスを生かせます。	北西、南東、南西	碧（深緑）
2	土	大安／午未	♣周囲の協力を得られそう。会食は日本料理のお店がおすすめ。	東、西、南西	ペパーミントグリーン
3	日	赤口／午未 文化の日	リセットする時間が大切。冷蔵庫の消費期限切れを処分して。	東、北西、南東	黄色
4	月	先勝／申酉 振替休日	博物館で知的好奇心を高めて。充実感を味わうと運気上昇。	南	銀色
5	火	友引／申酉	連休の楽しい気分を引きずるとトラブルに。笑顔を心がけて。	北、北東	白
6	水	先負／戌亥	自分のペースをキープしましょう。手作り弁当を持参すると吉。	南、西、北西	ピンク
7	木	仏滅／戌亥 立冬	忙しくて落ち着かないかも。書類の扱いには注意すること。	東、西、北東	オレンジ
8	金	大安／子丑	行動より思案のとき。ひとりで過ごす時間を持ち内面の充実を。	北東、南東、南西	水色
9	土	赤口／子丑	具体的な計画が心の支えに。フルーツ狩りにいくとラッキー。	北、南、東	クリーム色
10	日	先勝／寅卯	♥みかんをカゴに入れてテーブルに。良縁に恵まれるかも。	北西、南東、南西	ワインレッド
11	月	友引／寅卯	人との交流が多くて疲れそう。ハーブティーでひと息ついて。	東、西、南西	銀色
12	火	先負／辰巳	大きな買い物は避けましょう。へそくりを始めるといいかも。	東、北西、南東	金色
13	水	仏滅／辰巳	自己アピールは周囲の反感をかいます。寄付を検討すると○。	南	青
14	木	大安／午未	◆ハイブランドのアイテムで運気アップ。仕事に身が入ります。	北、北東	赤
15	金	赤口／午未 七五三	子どもにお金を使ってもいい日。変化にうまく対応できます。	南、西、北西	黄色

16	土	先勝／申酉	★	重職にある人と会うかも。出かけるなら身だしなみを整えて。	東、西、北東	ベージュ
17	日	友引／申酉	♠	不満は耐えること。コットン素材の服でリラックスタイムを。	北東、南東、南西	紺色
18	月	先負／戌亥		仕事は選ばないように。昼食は1階にあるお店がおすすめ。	北、南、東	黒
19	火	仏滅／戌亥		初対面の人の依頼に注意。スプラウトをサラダに入れると○。	北西、南東、南西	茶色
20	水	大安／子丑	♣	きれいに磨いた靴で外出を。人とのつながりからチャンスが。	東、西、南西	黄緑
21	木	赤口／子丑		早めに帰宅し、趣味などプライベートを充実させましょう。	東、北西、南東	キャメル
22	金	先勝／寅卯 小雪		プラス思考になります。値段より品質を重視した買い物を。	南	水色
23	土	友引／寅卯 勤労感謝の日		緊張感のある交際を。女性が主人公の映画を観るとラッキー。	北、北東	黄色
24	日	先負／辰巳		スケジュールを調整し、家族とゆっくり過ごしましょう。	南、西、北西	ピンク
25	月	仏滅／辰巳		大切なことは日中にすませて。おしゃれな文房具を持つと吉。	東、西、北東	オレンジ
26	火	大安／午未		聞き役に徹して。あたたかいお茶を飲んでリフレッシュして。	北東、南東、南西	水色
27	水	赤口／午未		地道な努力を続けて。テラコッタの鉢植えを窓辺に飾ると○。	北、南、東	黒
28	木	先勝／申酉	♥	新しい動きに従うと注目されます。年下との交流が開運の鍵。	北西、南東、南西	茶色
29	金	友引／申酉		行き違いでトラブルになるかも。物事は相手の立場で考えて。	東、西、南西	銀色
30	土	先負／戌亥		何事も腹八分目で満足したほうがいい日。チーズ料理が吉。	東、北西、南東	金色

頂上運　2024.12.7 〜 2025.1.4

2024 December

12月

開運3か条
- バッグに手鏡を入れる
- 文房具にこだわる
- 幸せのおすそ分けをする

2024年の努力の成果を得る運気

この1年の努力の結果が形になってあらわれます。努力を重ねてきた人は大きな評価につながり、運気はさらに好転します。晴れ舞台に立つ人もいるでしょう。ただし、人によっては期待はずれの結果かも。それでもいい方向へと転換する絶好の機会になります。いま以上にポジティブに進んでいきましょう。ただ、地位や名声を得た人でも、常に謙虚な姿勢を忘れないことが大切です。

年末を迎え、対人関係の入れ替わりがありそうですが、あるがままを受け入れてください。２０２５年は新しい出会いが待っていると考えましょう。

全力で活動できるパワーがありますが、無理をしがち。スポーツ観戦で気分転換をしましょう。海辺のドライブもおすすめです。

12月の吉方位　北東

12月の凶方位　北、南、北西、南東、南西

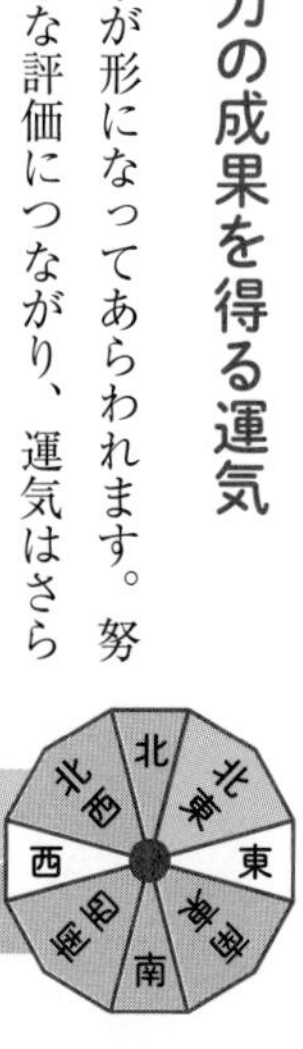

この天中殺の人は要注意

子《ね》丑《うし》天中殺

年末を迎え、生活のリズムが崩れます。忘年会やクリスマスパーティーで知り合った人とは一定の距離を保って。また、メールの誤送信に注意してください。待ち合わせは余裕をもって行動すること。

仕事運

※子丑天中殺の人は新規ごとは2月に延期を

有力者から認められ、思わぬ評価を得られそうです。常に名刺を忘れないようにしてチャンスをつかみましょう。積極的に動いていいときですが、高評価に有頂天になると、感謝を忘れて周囲から孤立します。また、数字に関するケアレスミスをしがち。契約書や請求書の作成には十分に注意をしてください。

金運

金運も好調です。プレゼントやご馳走で幸せのおすそ分けをすると、さらに運気が活気づきます。クリスマスに自分へのご褒美も吉。ボーナスや臨時収入から、投資にまわすお金をプールしましょう。ハイリスクハイリターンをねらうより、長期投資を。

愛情運

※子丑天中殺の人は新しい出会いは2月以降に

出会いもあれば別れも待っています。別れがあるから新しい出会いがあると、前向きに考えましょう。いろいろな人に目移りして、浮気性と言われそう。また、ひと目惚れから情熱的な恋に落ちるかもしれません。パートナーに隠しごとをしている人は、それが明るみに出て、ふたりの関係に白黒はっきりつきそうです。

12月のおそうじ風水 ▸ **リビング。窓を磨いて太陽の光を入れて。**

日	六曜／天中殺 祝日・歳時記	毎日の過ごし方	吉方位	ラッキーカラー
1 日	大安／戌亥	投資額のアップが吉。自分へのご褒美に高級品を購入しても。	南	白
2 月	赤口／子丑	◆デンタルケアは念入りにしましょう。美しい口元が開運の鍵。	北、北東	金色
3 火	先勝／子丑	出費はセーブすること。省エネに取り組み、調理法も工夫して。	南、西、北西	ピンク
4 水	友引／寅卯	無理をしがち。部屋にアートを飾ると幸せを引き寄せます。	東、西、北東	ベージュ
5 木	先負／寅卯	♠計画が妨害されそう。早めに帰宅し、映画や音楽を楽しんで。	北東、南東、南西	水色
6 金	仏滅／辰巳	焦りは禁物。キッチンに白い陶器に入れた花を飾りましょう。	北、南、東	山吹色
7 土	大安／辰巳 大雪	♥周囲の注目を集めます。オルゴールの音色にリラックスして。	北西、南東、南西	赤
8 日	赤口／午未	♣人脈が広がり物事がスムーズに。ニンニク入りパスタが吉。	東、西、南西	黄緑
9 月	先勝／午未	戦わないこと。部屋の真ん中に座ると、気持ちが安定します。	東、北西、南東	キャメル
10 火	友引／申酉	新しい動きは柔軟に。デスクまわりやパソコンデータの整理を。	南	白
11 水	先負／申酉	グルメを楽しむのはＯＫですが、お金の貸し借りはしないこと。	北、北東	黄色
12 木	仏滅／戌亥	感情のコントロールが大事。テーブルに花を飾りましょう。	南、西、北西	金色
13 金	大安／戌亥	★大きなチャレンジのタイミング。存在感をアピールしてＯＫ。	東、西、北東	紫
14 土	赤口／子丑	水回りの掃除をすると悩んでいたことが嘘のようにすっきり。	北東、南東、南西	水色
15 日	先勝／子丑	目の前のことをこなすこと。メイクアイテムを新調すると○。	北、南、東	黒

★強運日 ♠要注意日 ♥愛情運 ◆金運 ♣人間関係運

16	月	友引／寅卯	わかりやすい言葉でゆっくり話して。努力が認められます。	北西、南東、南西	碧（深緑）
17	火	先負／寅卯	チャンスの裏にピンチあり。コートを脱ぐタイミングに注意。	東、西、南西	ペパーミントグリーン
18	水	仏滅／辰巳	前進すると敵をつくります。食べ切れない贈答品はおすそ分け。	東、北西、南東	クリーム色
19	木	大安／辰巳	段取りを決めてから動くこと。目上の人との関係が良好に。	南	白
20	金	赤口／午未	◆仕事では緊張感を保ちましょう。プレゼントを買うといい日。	北、北東	黄色
21	土	先勝／午未 冬至	何かを引き継ぐことになりそう。肉料理でパワーアップして。	南、西、北西	金色
22	日	友引／申酉	積極的に動くことでエネルギー満タンに。ポーチ類の整理を。	東、西、北東	オレンジ
23	月	先負／申酉	♠勉強や仕事に打ち込んだ後はカフェなどでゆっくり過ごして。	北東、南東、南西	紺色
24	火	仏滅／戌亥 クリスマス・イブ	ステップアップの予感が。野菜を取り入れたメニューが吉。	北、南、東	黒
25	水	大安／戌亥 クリスマス	♥ブーケアレンジの花を飾ると、新しい恋を引き寄せるかも。	北西、南東、南西	茶色
26	木	赤口／子丑	テンションを上げるためにお気に入りの音楽で起きましょう。	北西、南東、南西	ワインレッド
27	金	先勝／子丑	楽なことばかり選ばないように。あたたかいパジャマで休んで。	北、南、東	キャメル
28	土	友引／寅卯	現状維持を心がけて。疲れやすいので早めに就寝すること。	北東、南東、南西	紺色
29	日	先負／寅卯	窓ガラスをピカピカに磨き陽光をたっぷり取り入れましょう。	東、西、北東	オレンジ
30	月	仏滅／辰巳	不用品を片づけましょう。インテリアアイテムを足すのはＯＫ。	南、西、北西	ピンク
31	火	赤口／辰巳 大晦日	◆ぜいたくな食材で年越しの会を。華やかな雰囲気に運気上昇。	北、北東	赤

COLUMN 3

~2024年のラッキーフード~

柑橘類と酸味でエネルギーチャージを

2024年全体のラッキーフードは柑橘類や酸味です。みかんやオレンジ、レモン、お酢、梅干しを毎日の食生活に取り入れましょう。たとえばレモンならレモンティーや、サラダに添えるだけでもOK。梅干しのおにぎりも手軽でおすすめです。また、桃は邪気を祓うので旬の時期に食べましょう。

フルーツには旬があるので、フレッシュなものが手に入らないときは、写真やポストカード、イラストなどを目に入る場所に飾っておくのもいいでしょう。若々しいエネルギーに包まれる2024年ですから、ラッキーフードで体にパワーを取り入れてください。

第5章

九星別の相性の法則

相性の法則

運気通りに過ごせば、相性のよい人たちを引き寄せます

幸せな人生を送るためには、相性はとても大切なものです。相性と運気は深くかかわっています。運気通りに過ごしていれば、周囲には自分と相性のいい人たちが自然と集まってきます。

また、相性が合わない人と出会ったとしても、互いに認め合える面だけで上手に付き合っていくことができるのです。

ユミリー風水では、厳密にいうと4つの要素で相性を見て総合的に判断していますが、本書では人生の基本となる生まれ年の星（カバー裏参照）、つまりライフスター同士の相性を見ていきます。

ライフスターの相性がいいとは、長い時間を一緒に過ごす住まいや職場での営みが

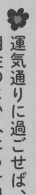

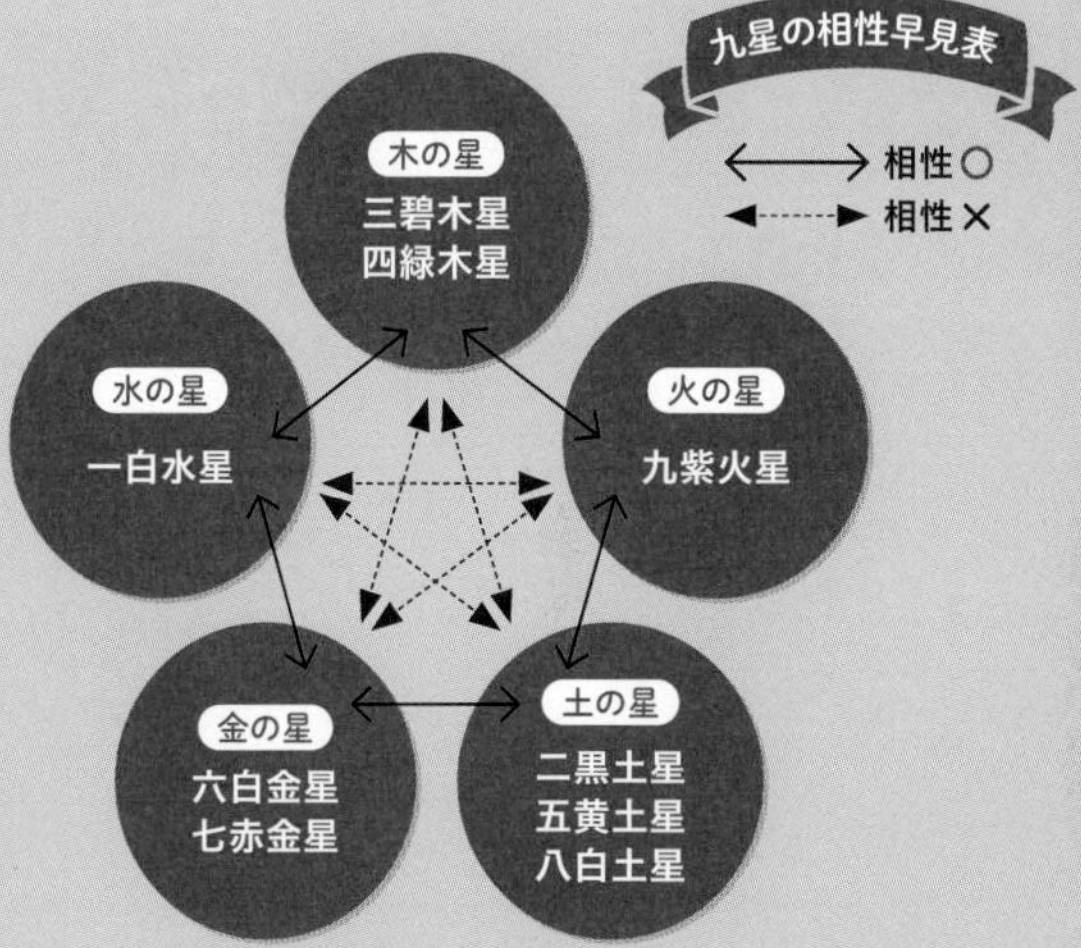

合うということを意味します。相性がいいと自分の気持ちや考え方がすんなりと相手に伝わるので、相手も理解、思いやり、感謝、愛情、親切といったものを返してくれます。逆に、相性が悪い場合は、125ページで相性が合わない場合の対処法を紹介しているので、ぜひ参考にしてください。

上の図は、ライフスター同士の相性をあらわした図です。風水の五行という考え方を取り入れ、9つのライフスターを五行に分け、相性を見ています。隣り合う星同士は相性がよく、向かい合う星同士は相性が悪いということになります。

(土の星)　　(水の星)

八白土星 と 一白《いっ》白《ぱく》水《すい》星《せい》

八白は山の星で、一白は水の星。土を少しずつ積み上げて作った八白の山を、水の一白が押し崩してしまいます。

相性×

恋愛

相手のすべてを受け入れる八白は、水である一白の行動をいったんは受け入れます。でも、お互い好き嫌いがはっきりしているほうなので、テリトリーを決めて、役割分担を明確にすることがよい関係を保つコツです。

夫婦

夫婦なら八白は夫、一白は妻のほうがベター。トラブルやケンカになりそうな場合は、一白を上手に操《あやつ》って、サポートを得るようにすることで関係をキープして。

友人

行動のテンポが合わないので、友人や隣人関係なら少し距離を置いて付き合うように。一白を食事に誘うなら、魚料理のおいしい店やお寿司屋さんへ。

仕事

仕事のうえでは、八白が一白にストレスを与えてしまうので、ときには気遣いを見せて。気まぐれな行動で一白を振り回さないようにすると、協力関係が深まります。

一白水星の2024年

2024年は開始運の年。何かを始めるにはぴったりの時期です。行動的になると気分も前向きに。やりたいことにチャレンジして。

（土の星）　　（土の星）

八白土星 と 二《じ》黒《こく》土《ど》星《せい》

**八白と二黒は同じ土の星なので、持っている性質は同じ。
山の八白が、田畑の土である二黒を包み込み、守ります。**

相性〇

恋愛

土と土の関係なので、波風の立たない安定した関係が築けます。八白が決断力に欠ける二黒をフォローする関係となります。ふたりともどちらかといえば派手さはないので、ときにはリッチなデートなどでマンネリ感を打破する工夫を。

夫婦

あ･うんの呼吸でわかり合えるベストパートナー。価値観が似ているので、結婚後の苦労も一緒に乗り切っていけるはず。共通の目的を持つと、絆が深まります。

友人

八白が困ったときに、面倒見のいい二黒はすぐにサポートしてくれます。献身的な二黒の助けを当たり前と思わず、感謝の気持ちを忘れないようにしてください。

仕事

お互いの信頼を裏切らないことが肝心。八白は二黒の弱さや欠点をしっかり受け止めて。仕事上では、八白が決断をして二黒をリードしてあげるとうまくいきます。

二黒土星の2024年

これまでの行動や努力の成果が見えはじめる開花運の年。人付き合いも活発になりますが、トラブルにならないように注意して。

（土の星）　（木の星）

八白土星 と 三《さん》碧《べき》木《もく》星《せい》

八白は山の星で、三碧は草花の星。三碧は成長していくために、八白の土が持つ栄養分をどんどん奪います。

相性×

恋愛

どっしりと構える山の八白と、野に咲く花の三碧。どちらも自己主張が強い星です。八白は三碧を束縛《そくばく》しないようにすることで心の均衡《きんこう》が保てるでしょう。ベタベタした関係ではなく、人間性を認め合う大人の付き合いが理想的です。

夫婦

相手のいいところを見ること、出会った頃の気持ちを忘れないことが肝心。ケンカをしたら八白が折れること。妻が八白、夫が三碧ならそこそこうまくいくはず。

友人

友人関係では、何事においても情報交換を密にすることで関係はスムーズに。トラブルになるとお互い主張を譲らず、収拾がつかなくなることも。

仕事

相手の長所をみつけて、ビジネスライクに接すること。意見が対立したときは、八白が大人の対応をして、プライドの高い三碧を受け入れましょう。

三碧木星の2024年

運気の波がいったん止まる静運の年。新しいことを始めるよりも、生活習慣を見直したり家族と過ごしたりして余裕をもった生活を心がけて。

（土の星）　（木の星）

八白土星 と 四《し》緑《ろく》木《もく》星《せい》

八白は山の星で、四緑は樹木の星。四緑は八白の土の養分を吸い上げ、滋養のない山にしてしまいます。

相性×

恋愛

なんでも受け入れる八白は、社交家で気分屋、八方美人的な四緑に振り回され、疲れ果ててしまいそう。八白は四緑に対して、あまり期待をしないこと。優柔不断な四緑とぶつかっても、エネルギーを消耗するだけです。

夫婦

四緑にどっぷり依存すると疲れさせてしまいます。トラブルになりそうな場合は、八白が引くほうが無難に収まります。四緑が夫で、妻が八白のほうがうまくいきます。

友人

大きなケンカをすることはなく、クールな友人関係になります。お互い気分屋なので、会いたいときに会うライトな感覚をキープしましょう。

仕事

お互いの長所を生かすように努力すれば、成果はあがるでしょう。社交術に長《た》けた四緑の得意分野には口を挟まないようにして。四緑の営業力は頼りになります。

四緑木星の2024年

2024年は運気が上向きになる結実運の年です。仕事で望むような活躍ができ、心身ともに充実しそう。社会的地位を固めて。

（土の星）　　（土の星）

八白土星 と 五《ご》黄《おう》土《ど》星《せい》

八白と五黄は同じ土の星で、持っている性質は同じです。
山の八白は、腐葉土《ふようど》の五黄を受け止め、包み込みます。

相性○

恋愛

同じ土の星なので、何をやっても気持ちが通じ合います。共通の目標を持つとさらに安定した関係に。八白が頑固な五黄を受け止め、逆境に負けない五黄がそばにいることで、八白は安心するはず。ケンカをしたら早めに八白から折れて。

夫婦

刺激的な関係ではないものの、価値観が似ているので平穏に暮らしていける結婚向きの組み合わせです。夫が五黄で、妻が八白なら、より安定した夫婦関係になります。

友人

友人関係では、ウマが合うと感じて長く付き合っていけそうな相性です。八白は、よほどのことがない限り、五黄の選択には従うようにしてください。

仕事

上下関係がはっきりしているほうがうまくいきます。八白は、五黄の才能を認めることが肝要。ライバル同士になると競争心が芽生え、衝突が増えそうです。

五黄土星の2024年

実り豊かな金運の年です。満ち足りた気分を味わうことができそう。2024年は人との交流の場にはできるだけ参加して。

（土の星）　　　　（金の星）

八白土星 と 六《ろっ》白《ぱく》金《きん》星《せい》

八白は山の星で、六白は強い空気の流れを象徴する竜巻の星。
お互い相手の影響力に左右されることはありません。

相性○

恋愛

地道に努力する八白は、物事を合理的に処理する六白に惹かれます。また、八白が困っているときに助けてくれるのが六白。感覚的に似ていますが、足元を見据えないと、違う方向へ走り出しそう。同じ目標を持つと最強のパートナーになれます。

夫婦

家庭を大切にする八白は、世話好きな六白と強い絆で結ばれるはず。お互いに干渉《かんしょう》しすぎないことが長続きの秘訣。夫が八白で、妻が六白ならいうことはありません。

友人

友人関係では、リーダー格の六白がなんでも相談にのってくれるでしょう。ときには六白を持ち上げて、気分よくさせてあげて。六白のプライドは傷つけないように。

仕事

仕事では守りに強い八白と、行動力のある六白なので、うまくいくはず。仕事の分担を決め、どんな状況でも六白のメンツをつぶさないことが肝心。

六白金星の2024年

ひと区切りがつく改革運の年です。周囲に変化があるかもしれませんが、慌てずに落ち着いて。努力を継続することが大切です。

（土の星）　　（金の星）

八白土星 と 七《しち》赤《せき》金《きん》星《せい》

八白は山の星で、七赤は夜空に輝く星や鉱物を象徴します。
土は年月をかけて鉱物を育《はぐく》んでいくという関係です。

相性○

恋愛

安定型の八白と遊び好きの七赤は、異なる性格だからこそ、長く一緒にいられる関係を築けます。八白は七赤から人生の楽しみを学ぶことになりそう。八白は七赤を精神的にも金銭的にもしっかりサポートし、心配りをしてあげましょう。

夫婦

堅実な八白が七赤をリードして、趣味に走りやすい七赤の手《た》綱《づな》をしっかり締めることが大切。夫が八白で、妻が七赤のほうが結婚生活はうまくいくでしょう。

友人

友人関係では七赤に頼りにされ、世話をやく側に回るのが八白です。でも、ときには七赤の甘さを指摘してあげるのもやさしさです。

仕事

八白は、口達者の割には行動が伴わない七赤を大目に見て、きちんとアドバイスを。ツメの甘さが出るので、陰ながらフォローしてあげることも忘れずに。

七赤金星の2024年

運気が頂点に達する頂上運の年。周囲からの注目度も高くなり、実力が認められる年です。新しいことにチャレンジするのも○。

（土の星）　（土の星）

八白土星 と 八白土星

どちらもどっしりとした山の星。自分からは動けないので、近づくこともなければ、離れることもない関係です。

相性〇

恋愛

お互い多くを語らなくても惹かれ合う関係で、長所も短所も一緒のふたりは、同じような運気の浮き沈みに。お互い気まぐれなところがあり、トラブルに発展しがち。またどちらかが向上心をなくすと、ふたりの間に溝を作ってしまうことに。

夫婦

一緒にいることによって、お互いの苦労が理解でき、安定した関係に。年齢を重ねるごとに、絆が深まる相性です。お互いに許し合う気持ちを大切にしましょう。

友人

同志のような関係です。でも、頑固な面が表に出てしまうとうまくいかなくなりそう。相手の気まぐれには、あまり腹を立てないように見てあげてください。

仕事

調子がいいと困難もワケなくふたりで切り抜けられ、うまくいかなくなると一緒に谷底へ。仕事では役割分担やルールを決めて着手したほうがうまくいきます。

八白土星の2024年

季節でいえば真冬にあたる停滞運の年です。新しいことを始めるには向きません。心と体をゆっくり休めるのに適しています。

（土の星）　　（火の星）

八白土星 と 九《きゅう》紫《し》火《か》星《せい》

八白は山の星、九紫は太陽の星です。八白は、陽光《ようこう》をしっかりと受け止め、強いエネルギーにも負けることがありません。

相性○

恋愛

お互い自分にないものを持っているので惹かれ合い、刺激し合い、認め合うことができる関係です。八白は九紫に対して自然体でいられるので楽。また、八白は、短気な九紫のなだめ役となります。ケンカをしても仲直りしやすい相性です。

夫婦

九紫のはっきりした物言いに傷つくことも。価値観のズレを感じたならしっかり話し合いをし、答えを出して。夫が九紫で妻が八白なら、さらによい関係に。

友人

気心が通じているので、頼みごとはしやすい間柄ですが、ベタベタした関係にならないほうが長く付き合っていけます。お世話になったときは、感謝を忘れずに。

仕事

八白は、九紫の長所に注目してのばしてあげましょう。九紫のプライドの高さを理解して対応しないと、トラブルを招きます。熱しやすく冷めやすい性格も受け止めてあげて。

九紫火星の2024年

冬眠から目覚めて、活動を始める基礎運の年。基礎固めの時期にあたるので目標をしっかり定め、コツコツと努力を積み重ねましょう。

相性が合わないとき

ライフスターの相性は、毎日の営みにおける相性です。
相性が合わないのにいつも一緒だと、より摩擦が大きくなります。
自分の世界を持ち、適度な距離感を保つことがうまくやっていく秘訣です。

恋愛 同棲は避けましょう

家で夫婦のようにまったり過ごすより、デートをするなら外へ出かけたり、グループで楽しんで。いつもベッタリは控え、同棲は避けましょう。結婚間近なら、お互いに仕事を持って暮らしていけるように努力して。

夫婦 仕事や趣味を充実

家での生活にあまりにも強い執着があると、ふたりの間の摩擦がより大きくなります。夫婦の場合、共働きをしている、お互い趣味や習いごとがあるなど、自分の世界を持っていればうまくいくケースが多いのです。

友人 礼儀を忘れずに

プライベートな部分に土足で入っていくことはしないようにしましょう。親しき仲にも礼儀ありの心がけがあれば、長続きします。価値観が異なるので、相手からの相談には意見を言うよりも聞き役に回って。

仕事 感情的な言動は控えて

もともと物の見方や感性が異なることをしっかり認識すること。違うのは当たり前だと思えば腹は立ちません。相手の長所をなるべくみつけて。自分と合わないところには目をつぶって、感情的にならないように。

COLUMN 4

～2024年の休日の過ごし方～

自然や音楽を楽しんでリラックス

若草や花に触れる休日の過ごし方がおすすめです。ベランダガーデンを作ったり、アレンジメントフラワーを作って飾ったり。インテリアにグリーンを取り入れるのも忘れずに。

散歩も風水のラッキーアクションですが、特に2024年は並木道がおすすめです。春なら桜並木、秋なら銀杏《いちょう》並木を歩いて。また庭園をゆっくり散歩してもいいでしょう。

コンサートやライブで好きなアーティストの音楽を楽しむのも三碧木星の象意に合っています。家の中でもBGMを流すようにするとよい気に包まれ、リラックスできます。

❋運気はめぐっている

私たちの人生は、停滞運から頂上運までの9つの運気が順番にめぐってきます。いいときも悪いときも平等にやってきます。悪いときのダメージを少なくするために運気の貯金が必要です。悪いときは貯金を使い、そしてたまった運気は使うと、さらに増やすことができます。衣食住を整えることは毎日の運気の積み立て貯金。**あなたにめぐっている運気に合ったアクションで運気の貯金をしましょう。**また、吉方を生かすことで、運気の貯金をプラスできます。人は毎日の生活の中で、移動しながら活動しています。吉方へ動くことは追い風にのって楽しく移動するということ。今後の発展に影響する運気の貯金ができます。

また、吉方の神社にお参りを続けると、運気の貯金を増やすことができます。日のカレンダーにある吉方位を参考にして運気を貯金していきましょう。

9つの運気を理解する

停滞運　季節では真冬にあたるとき。植物が土の中でエネルギーを蓄えるように、春の芽吹きをじっと待つ時期です。思うようにならないと感じることも多くなりますが、**心と体を休めてパワーチャージしてください。**行動的になると、疲れたりトラブルに巻き込まれたりすることも。これまでの行いを振り返り、自分自身を見つめるのにいいときです。

＊運気のため方　掃除や片づけなどで水回りをきれいにして、ゆったりとした時間を過ごしましょう。食生活では上質な水をとるようにしてください。朝起きたら1杯の水を飲み、清々しい気分で1日をスタートさせましょう。

基礎運　冬眠から覚め、活動を開始するとき。自分の生活や環境を見直して、これからの人生の基礎固めをするような時期です。**目標を決め、それに向けた計画を立てましょう。**目の前のことをコツコツこなし、手堅く進んでください。また、この時期は目立つ行動は避け、サポート役に回ったほうが無難です。趣味や勉強など自分磨きには向いているので、学びたいことをみつけ、努力を続けましょう。

＊運気のため方　地に足をつけてしっかり歩ける靴を選びましょう。ガーデニングなどで土に触れると運気の貯金になります。食事は根菜類を取り入れたヘルシー料理がおすすめ。自然を意識した過ごし方で英気を養いましょう。

開始運　季節でいうと春をあらわし、秋に収穫するために種まきをするとき。物事**をスタートさせるにはいいタイミングで、やりたいことがあるならぜひチャレンジしましょう。**行動的になるほどモチベーションも上がり、気持ちも前向きになっていく運気。ただし、準備不足と感じるなら次のチャンスまで待ってください。表面的に華やかなので、ついその雰囲気につられてしまうと、中途半端なまま終わることになります。

＊運気のため方　心地いい音に包まれることで開運します。ピアノ曲をＢＧＭにしたり、ドアベルをつけたりして生活の中に美しい音を取り入れましょう。食事では梅干しや柑橘類など酸味のあるものをとりましょう。

開花運　春にまいた種が芽を出して成長し花を咲かせる、初夏をイメージするときです。これまでの努力や行動に対する成果が表れはじめ、心身ともに活気にあふれます。気持ちも充実し、新たな可能性も出てきそうです。人脈が広がってチャンスにも恵まれますが、出会いのあるぶん、トラブルも起こりやすくなります。**頼まれごとは安請け合いせず、持ち帰って冷静な判断をするようにしてください。**

＊運気のため方　食事は緑の野菜をたっぷりとるようにしましょう。住まいの風通しには気を配ってください。和室でのマナーを守り、美しい立ち居振舞いを心がけて。空間にアロマやお香などいい香りをプラスするとさらに運気が活性化されます。

静運　運気の波が止まって、静寂が訪れるようなときです。動きがなく安定しているので、ひと休みをするべき運気。**新しいことには着手せず、生活習慣を見直したり家の中で家族と過ごしたりするのがおすすめです。**思い通りにならないと感じるなら、スケジュール調整をしっかりしましょう。安定志向になるので、この時期に結婚をするのは向いています。ただし、引越しや転職などは避けてください。

＊運気のため方　この時期は時間にゆとりを持って行動することも大切。文字盤の大きい時計を置き、時間は正確に合わせておいてください。お盆やお彼岸にはお墓参りをし、きれいに掃除をしてください。

結実運　運気が上がり、仕事で活躍できるときです。やりがいを感じ、心からの充実感も味わえるでしょう。**目上の人から信頼を得られるので、自分の力をしっかりア**

ピールして社会的地位も固めましょう。また、新しいことを始めるのにも向いている時期です。真摯に取り組んでさらなる結果を出してください。ただし、何事もやりすぎには注意して。チームとして動くことで夢を実現させましょう。

*運気のため方　ハンカチやスカーフなど小物は上質なものを選んで。高級感のある装いがさらなる幸運を呼びます。理想を追求していくと、人生もそれに見合った展開になっていくでしょう。名所旧跡を訪ねましょう。

金運　季節でいえば秋。黄金の収穫期を迎え、満ち足りた気持ちを味わうことになるでしょう。これまで努力してきたことが成果となって金運に恵まれます。交友関係も広がり、楽しいお付き合いも増えるでしょう。**楽しむことでいい運気を呼び込むことができるときなので、人との交流の機会は断らないように。**新しい世界が広がって、さらなるチャンスに恵まれます。また、仕事への情熱も高まって金運を刺激します。

*運気のため方　宝石を身につけましょう。またデンタルケアを大切にしてください。食品の管理、冷蔵庫の掃除などにも気を配ってください。西日が強い部屋は金運を下げます。西側は特にきれいに掃除して、カーテンをかけましょう。

改革運　晩冬にあたる時期です。**家でゆっくり過ごしながら自分を見つめ直す、リ**

セットの時期です。ひと区切りがつくので立ち止まり、自己チェックを！　まわりで変化が起きますが、慌てず落ち着いて対応しましょう。迷ったら慎重になって、ときには断る勇気も必要になってきます。特にお金がからむことには首を突っ込まず、避けるようにしてください。粘り強く努力を続けることが大切です。

＊運気のため方　イメージチェンジがおすすめです。部屋に山の写真や絵を飾ると大きなビジョンで物事を考えることができるようになります。根菜類を料理に取り入れてください。渦巻き模様のアイテムが運気の発展を後押ししてくれます。

頂上運　これまでの努力が実を結び、運気の頂点に達したことを実感できるとき。積極的に動くことで実力が認められ、名誉や賞賛を手にすることができます。充実感もあり、エネルギーも湧いてくるでしょう。新しいことにチャレンジしてもOK。**存在感をアピールして、自分が望むポジションをつかみましょう。**頂上に昇ることは目立つこと！　隠しごとも露見してしまうときです。早めに善処しておきましょう。

＊運気のため方　めがねや帽子、アクセサリーなど小物にこだわったファッションを取り入れましょう。部屋には美術品などを飾り、南側の窓はいつもピカピカに磨いておくと、運気がたまります。キッチンのコンロもこまめに掃除を。

【基数早見表①】1935 年～ 1964 年生まれ

	1月	2月	3月	4月	5月	6月	7月	8月	9月	10月	11月	12月
1935年（昭10）	13	44	12	43	13	44	14	45	16	46	17	47
1936年（昭11）	18	49	18	49	19	50	20	51	22	52	23	53
1937年（昭12）	24	55	23	54	24	55	25	56	27	57	28	58
1938年（昭13）	29	0	28	59	29	0	30	1	32	2	33	3
1939年（昭14）	34	5	33	4	34	5	35	6	37	7	38	8
1940年（昭15）	39	10	39	10	40	11	41	12	43	13	44	14
1941年（昭16）	45	16	44	15	45	16	46	17	48	18	49	19
1942年（昭17）	50	21	49	20	50	21	51	22	53	23	54	24
1943年（昭18）	55	26	54	25	55	26	56	27	58	28	59	29
1944年（昭19）	0	31	0	31	1	32	2	33	4	34	5	35
1945年（昭20）	6	37	5	36	6	37	7	38	9	39	10	40
1946年（昭21）	11	42	10	41	11	42	12	43	14	44	15	45
1947年（昭22）	16	47	15	46	16	47	17	48	19	49	20	50
1948年（昭23）	21	52	21	52	22	53	23	54	25	55	26	56
1949年（昭24）	27	58	26	57	27	58	28	59	30	0	31	1
1950年（昭25）	32	3	31	2	32	3	33	4	35	5	36	6
1951年（昭26）	37	8	36	7	37	8	38	9	40	10	41	11
1952年（昭27）	42	13	42	13	43	14	44	15	46	16	47	17
1953年（昭28）	48	19	47	18	48	19	49	20	51	21	52	22
1954年（昭29）	53	24	52	23	53	24	54	25	56	26	57	27
1955年（昭30）	58	29	57	28	58	29	59	30	1	31	2	32
1956年（昭31）	3	34	3	34	4	35	5	36	7	37	8	38
1957年（昭32）	9	40	8	39	9	40	10	41	12	42	13	43
1958年（昭33）	14	45	13	44	14	45	15	46	17	47	18	48
1959年（昭34）	19	50	18	49	19	50	20	51	22	52	23	53
1960年（昭35）	24	55	24	55	25	56	26	57	28	58	29	59
1961年（昭36）	30	1	29	0	30	1	31	2	33	3	34	4
1962年（昭37）	35	6	34	5	35	6	36	7	38	8	39	9
1963年（昭38）	40	11	39	10	40	11	41	12	43	13	44	14
1964年（昭39）	45	16	45	16	46	17	47	18	49	19	50	20

【基数早見表②】 1965年～1994年生まれ

	1月	2月	3月	4月	5月	6月	7月	8月	9月	10月	11月	12月
1965年（昭40）	51	22	50	21	51	22	52	23	54	24	55	25
1966年（昭41）	56	27	55	26	56	27	57	28	59	29	0	30
1967年（昭42）	1	32	0	31	1	32	2	33	4	34	5	35
1968年（昭43）	6	37	6	37	7	38	8	39	10	40	11	41
1969年（昭44）	12	43	11	42	12	43	13	44	15	45	16	46
1970年（昭45）	17	48	16	47	17	48	18	49	20	50	21	51
1971年（昭46）	22	53	21	52	22	53	23	54	25	55	26	56
1972年（昭47）	27	58	27	58	28	59	29	0	31	1	32	2
1973年（昭48）	33	4	32	3	33	4	34	5	36	6	37	7
1974年（昭49）	38	9	37	8	38	9	39	10	41	11	42	12
1975年（昭50）	43	14	42	13	43	14	44	15	46	16	47	17
1976年（昭51）	48	19	48	19	49	20	50	21	52	22	53	23
1977年（昭52）	54	25	53	24	54	25	55	26	57	27	58	28
1978年（昭53）	59	30	58	29	59	30	0	31	2	32	3	33
1979年（昭54）	4	35	3	34	4	35	5	36	7	37	8	38
1980年（昭55）	9	40	9	40	10	41	11	42	13	43	14	44
1981年（昭56）	15	46	14	45	15	46	16	47	18	48	19	49
1982年（昭57）	20	51	19	50	20	51	21	52	23	53	24	54
1983年（昭58）	25	56	24	55	25	56	26	57	28	58	29	59
1984年（昭59）	30	1	30	1	31	2	32	3	34	4	35	5
1985年（昭60）	36	7	35	6	36	7	37	8	39	9	40	10
1986年（昭61）	41	12	40	11	41	12	42	13	44	14	45	15
1987年（昭62）	46	17	45	16	46	17	47	18	49	19	50	20
1988年（昭63）	51	22	51	22	52	23	53	24	55	25	56	26
1989年（平1）	57	28	56	27	57	28	58	29	0	30	1	31
1990年（平2）	2	33	1	32	2	33	3	34	5	35	6	36
1991年（平3）	7	38	6	37	7	38	8	39	10	40	11	41
1992年（平4）	12	43	12	43	13	44	14	45	16	46	17	47
1993年（平5）	18	49	17	48	18	49	19	50	21	51	22	52
1994年（平6）	23	54	22	53	23	54	24	55	26	56	27	57

【基数早見表③】 1995年〜2024年生まれ

	1月	2月	3月	4月	5月	6月	7月	8月	9月	10月	11月	12月
1995年（平7）	28	59	27	58	28	59	29	0	31	1	32	2
1996年（平8）	33	4	33	4	34	5	35	6	37	7	38	8
1997年（平9）	39	10	38	9	39	10	40	11	42	12	43	13
1998年（平10）	44	15	43	14	44	15	45	16	47	17	48	18
1999年（平11）	49	20	48	19	49	20	50	21	52	22	53	23
2000年（平12）	54	25	54	25	55	26	56	27	58	28	59	29
2001年（平13）	0	31	59	30	0	31	1	32	3	33	4	34
2002年（平14）	5	36	4	35	5	36	6	37	8	38	9	39
2003年（平15）	10	41	9	40	10	41	11	42	13	43	14	44
2004年（平16）	15	46	15	46	16	47	17	48	19	49	20	50
2005年（平17）	21	52	20	51	21	52	22	53	24	54	25	55
2006年（平18）	26	57	25	56	26	57	27	58	29	59	30	0
2007年（平19）	31	2	30	1	31	2	32	3	34	4	35	5
2008年（平20）	36	7	36	7	37	8	38	9	40	10	41	11
2009年（平21）	42	13	41	12	42	13	43	14	45	15	46	16
2010年（平22）	47	18	46	17	47	18	48	19	50	20	51	21
2011年（平23）	52	23	51	22	52	23	53	24	55	25	56	26
2012年（平24）	57	28	57	28	58	29	59	30	1	31	2	32
2013年（平25）	3	34	2	33	3	34	4	35	6	36	7	37
2014年（平26）	8	39	7	38	8	39	9	40	11	41	12	42
2015年（平27）	13	44	12	43	13	44	14	45	16	46	17	47
2016年（平28）	18	49	18	49	19	50	20	51	22	52	23	53
2017年（平29）	24	55	23	54	24	55	25	56	27	57	28	58
2018年（平30）	29	0	28	59	29	0	30	1	32	2	33	3
2019年（令1）	34	5	33	4	34	5	35	6	37	7	38	8
2020年（令2）	39	10	39	10	40	11	41	12	43	13	44	14
2021年（令3）	45	16	44	15	45	16	46	17	48	18	49	19
2022年（令4）	50	21	49	20	50	21	51	22	53	23	54	24
2023年（令5）	55	26	54	25	55	26	56	27	58	28	59	29
2024年（令6）	0	31	0	31	1	32	2	33	4	34	5	35

直居由美里（なおいゆみり）

京都造形芸術大学「東京芸術学舎・ライフスタイル学科」にて風水講座の講師を経て、2012年より由美里風水塾を開校。環境学の学問として、風水・家相学などを30年にわたり研究し、独自のユミリー風水を確立した。「人は住まいから発展する」というユミリーインテリアサイエンスの理念のもと、風水に基づいた家づくりを提案し、芸能人や各界のセレブにもファン多数。テレビや雑誌、講演会のほか、企業のコンサルタントとしても活躍中。2009年「易聖」の称号を得る。現在YouTubeで「ユミリー風水研究所」として幸運な人生の送り方を発信中。

YouTube　https://www.youtube.com/@user-zr9kk1be9j
公式HP　http://www.yumily.co.jp

波動表に基づいた運勢やアドバイスを毎日更新中!（携帯サイト）
『直居ユミリー恋愛♥風水』　https://yumily.cocoloni.jp
『ユミリー成功の法則』　https://yms.cocoloni.jp

ブックデザイン　フレーズ
カバーイラスト　押金美和
本文イラスト　レミイ華月
編集協力　テクト・パートナーズ、メイ
撮影　市川勝弘
ヘアメイク　今森智子
衣装協力　YUKI TORII INTERNATIONAL

九星別《きゅうせいべつ》ユミリー風水《ふうすい》 2024 八白土星《はっぱくどせい》

2023年　8月10日　第1刷発行

著　者　直居由美里《なおいゆみり》
発行者　佐藤 靖
発行所　大和《だいわ》書房
東京都文京区関口1-33-4
電話 03-3203-4511
本文印刷　光邦
カバー印刷　歩プロセス
製本所　ナショナル製本

ISBN978-4-479-31047-1

https://www.daiwashobo.co.jp

願いを叶えるお守りカード

★

八白土星

護符を毎日眺めてください。または点線で切り取り、
誰にも見えないように、いつも持ち歩くものに入れておきましょう。
願いは、いくつでもかまいません。